Nunca Temas Negociar

7 Principios Para Obtener Resultados con la Empática Historia Persuasiva©

Pablo M Linzoain

Instituto De Negociación

Pennsylvania - EE. UU.

www.linzoain.com

1.ª edición: octubre de 2020

ISBN: 978-84-949481-6-9
Imágenes: Pixabay

Tengo un regalo para ti, para agradecerte que compraste mi libro.

Descubrí como nuestro programa **Nunca Temas Negociar** ha ayudado a más de 5000 ejecutivos.

Tienes acceso a revisar los documentos y videos que encontraras en la siguiente página web:

www.nuncatemasnegociar.com

Entra a participar para una entrevista cara a cara en vivo, tú y yo - LIVE. Para recibir este bonus tienes que enviarmc una foto tuya con el libro en la mano al email: pablo@linzoain.net

¡NO ESPERES!

Tienes que mirar los VIDEOS DE ENTRENAMIENTO como tú te puedes convertir en un gran negociador: www.nuncatemasnegociar.com

A mis hijos
Pablo y Antonia María,

Porque son mi fe y mi fuerza
Amores más allá del amor
Bienes del alma
Los juegos y el deporte que me atan
Otro día de sosiego y paz

Y

Amores de ahora y siempre
Nadie puede compararse a tu belleza
Todos mis temores y mis anhelos
Ondas de mar
Norte y Sur
Indicativo y presente
Amores de ahora y siempre

Mar de plata y de oro
Amada más allá del amor
Río de sol y esplendor
Intensa, inimaginable, perfecta.
Amores de ahora y siempre

Índice

INTRODUCCIÓN

La excelencia es un arte ganado a base de entrenamiento y hábito. Somos lo que hacemos repetitivamente. La excelencia, entonces, no es un suceso sino un hábito.

Aristóteles

Pasamos toda nuestra vida negociando, con más frecuencia de la que nos imaginamos. Negociar es una parte intrínseca de todo ser humano. Comerciar, interactuar, convenir, comunicar, hacer transacciones con distintas personas: todo eso es negociar. La negociación es una poderosa estrategia para resolver conflictos, obtener mejores resultados y nuevos beneficios, si y solo si aprendemos a trabajar inteligentemente con la presión que genera la propia situación de negociar.

Escribir sobre la negociación y el mundo maravilloso que ello implica en los tiempos que corren es, como mínimo, un reto y un gran compromiso. Negociar es, básicamente, resolver problemas. Y para hacerlo de modo exitoso debemos prepararnos adecuadamente y no dejar nada librado al azar. Pero, en muchas ocasiones, nuestras inquietudes, inseguridades y temores nos juegan una mala pasada, haciendo que no entreguemos lo mejor de nosotros.

En el pasado el hombre ha ganado mil batallas, ha soportado guerras mundiales, ha vivido y sobrevivido a diversas plagas y ha resurgido como el ave fénix. En el mismo sentido, la negociación y los líderes resurgiremos de nuestras propias cenizas para hacer que el mundo vuelva a brillar; pero no como lo fue antes, no, sino más próximo y humano, dándole importancia a lo que realmente la tiene y, esta vez sí, preparándonos para el futuro, pero viviendo intensamente el presente, como si fuese el último día.

La negociación es el arte de generar confianza.

En esa nueva visión, en esa nueva perspectiva, los líderes tendremos una gran responsabilidad, que debemos asumir con inquebrantable voluntad para alcanzar el éxito. Esta tarea nos llevará a estudiar y manejar las herramientas de la negociación para proyectarlas y guiarnos con ellas, para trabajar con la contraparte, escuchándola, atendiéndola y mostrándole las opciones que tiene para lograr sus objetivos que, a la vez, serán los nuestros. Pero también prepararnos para trabajar con mayor empuje, buscar la empatía con el otro y fundar las bases que nos permitan creer que podemos lograr mejores acuerdos. Y, lo más importante, convertirnos en excelentes negociadores.

Te preguntarás entonces, ¿qué te pueden ofrecer estas páginas y qué vas a encontrar en ellas? Pues bien, te enseñaré y explicaré las herramientas necesarias para que logres el éxito en tus negociaciones. Cada capítulo, y todos en su conjunto, serán importantes para amalgamar el conocimiento que te ayudará a crecer, mejorar y lograr tus objetivos. A través de las páginas de este libro vas a encontrar las explicaciones y ejemplos que te ayudarán a entender que pensar diferente es una estrategia necesaria para encarar los procesos del arte y ciencia de la negociación. Leerás historias, vivencias y narraciones de casos concretos, que te servirán para comprender cada uno de los principios, cómo ponerlos en práctica y cómo manejar los términos de la negociación para que puedas ahorrar tiempo, ganar más dinero y ser más efectivo. Además, si aplicas rigurosamente estos conocimientos tendrás la garantía del éxito.

Mira a la contraparte como tu socio no como tu oponente.

Debemos repasar los conceptos, estudiarlos y profundizarlos. Porque la preparación, el estudio, la elaboración de los guiones, la aplicación de las herramientas que te daré, así como la investigación que puedas realizar de aquello que te llame la atención, te servirán en todos los aspectos de tu vida, a nivel personal y profesional.

Este libro te ayudará a realizar la correcta ejecución de las herramientas de la comunicación para diseñar una estrategia de negociación, guiando a tu contraparte hacia la solución del problema y a alcanzar su victoria.

Muchas veces no nos damos cuenta de que estamos manipulando y presionando con nuestras ideas, tratando de imponer nuestros puntos de vista. Por ello, tenemos que aprender a escuchar lo que la otra persona tiene para decir, para aportar; y así aprender también a respetar su opinión.

La **Empática Historia Persuasiva** © es mi arma secreta para simplificar el proceso de negociación y su ejecución estratégica. Desarrollarás habilidades para que la contraparte entienda que tú estás allí para ayudarlo. Aprenderás a ejecutar con un sistema probado que te hará poderoso en la mesa de negociación.

Los siete principios te ayudarán a construir y a desarrollar tu plan de negociación para alcanzar el éxito.

- Principio N.º 1: Necesidad. Ubicarás a la contraparte como la persona más importante en la mesa de negociación.
- Principio N.º 2: El Problema. Descubrirás las necesidades de tu contraparte y sus posibles soluciones.
- Principio N.º 3: La Propuesta. Formularás un plan estratégico que apunte a la solución.
- Principio N.º 4: Pedir. Aprenderás a solicitar todo lo que necesitas para la lograr la solución del problema de la contraparte.

- Principio N.º 5: Resultados. Orientarás tus esfuerzos para que la solución del problema sea un ganar-ganar.
- Principio N.º 6: No Arreglo. Informarás de los beneficios que se perderá de no alcanzar un acuerdo.
- Principio N.º 7: Escribir su victoria. Subrayarás el éxito obtenido y escribirás el triunfo alcanzado.

Con todos esos principios podremos generar la sinergia necesaria que nos ayude a ser mejores profesionales, pero también a crecer como personas, dejando de lado el ego, escuchando a la contraparte y estableciendo con claridad los objetivos de la negociación.

Las emociones también influyen en el proceso de la negociación, pero no podemos dejar que, después de todo el trabajo realizado, fallemos por causa de los miedos, nervios, la ansiedad o cualquier otro tipo de sentimiento. Para ello, es fundamental estar bien preparados para disminuir el margen de lo accidental, y el factor sorpresa. Por el contrario, la negociación debe ser una actividad deliberada, planificada y ejecutada mediante un buen guion.

La negociación, como el liderazgo, sugiere la acción de mostrar el camino y mover a una persona voluntariamente hacia un objetivo en común. Esto apunta a que un gran negociador necesita ser persuasivo y empático para que, como guía del proceso, logre que la contraparte crea en él y siga su propuesta.

Grandes personalidades como Napoleón Bonaparte, John F. Kennedy, Mahatma Gandhi, y expertos negociadores como Roger Fisher, William Ury, Daniel Kahneman, Deepak Malhotra, Max H.

Bazerman, Daniel Shapiro, entre otros, constituyen guías que nos enseñan las estrategias y los conceptos para alcanzar el éxito. Pero también son líderes que señalan el camino y nos impulsan a seguir adelante, trabajar, y concretar nuestras aspiraciones. Deja de lado los miedos y toma las riendas del carro de tu vida como líder y como negociador.

Si alguien te ataca, no ataques, recuerda que en negociación no se apaga el fuego con fuego.

Con el objetivo de comprender los procesos racionales y emocionales que intervienen en una negociación, he dedicado 26 años de trabajo y estudio a este tema. Mi interés ha sido comprender en qué fallamos al momento de interactuar con nuestra contraparte. ¿Por qué competimos con el otro cuando tenemos que colaborar? ¿Por qué no pedimos cuando debemos hacerlo? ¿Por qué nos rendimos cuando deberíamos persistir? Pues bien, a lo largo de este libro verás que la clave central de una buena negociación consiste en estudiar a tu contraparte, conocerla en profundidad, anticipándote a sus necesidades, intereses y temores. También serás capaz de entender tus propios mecanismos de funcionamiento, tus motivaciones y, a la vez, las emociones que pones en juego cuando negocias. Solo así serás capaz de abordar el proceso de interacción, sin temor a fallar.

Creo que, en un futuro no muy lejano, muchos de los procedimientos y tareas que hoy realizamos dejarán de ser necesarios.

La digitalización avanza a pasos agigantados y lo que hoy concebimos como esencial, mañana no lo será. Sin embargo, hay algo que no desaparecerá: la necesidad de ponernos de acuerdo, desde los escenarios más complejos y globales, hasta los más domésticos y cotidianos. Seguiremos requiriendo acuerdos entre gobiernos, instituciones, empresas, comerciantes, amigos y familiares. El acuerdo resulta tan esencial como la vida en convivencia. Por ello, la cooperación para avanzar en objetivos comunes será siempre algo vital. Y saber negociar constituirá la cualidad más valorada.

Te ayudaré a responder preguntas tales como: ¿de qué manera doy mi oferta?, ¿cómo presento mi idea para que genere el interés necesario?, ¿cómo debo reaccionar ante una negativa?, ¿cómo domino mis emociones para que no interfieran en el proceso?, ¿cuál es el momento óptimo para cerrar un trato?, ¿qué sucede si no llegamos a un acuerdo?

La idea es que pongas en práctica distintos caminos de análisis y uses el poder de tu contraparte para lograr el éxito.

Este libro se trata de un reto, un desafío que te propongo, con herramientas para interactuar, lograr lo que te interesa y satisfacer a la otra parte. Aprenderás estrategias, tácticas y técnicas que te permitirán convertirte en un excelente negociador.

Todas las herramientas y las experiencias, positivas y negativas, que he asimilado a lo largo de mi trayectoria profesional están a tu disposición en estas páginas. Ahora dependerá de ti alcanzar el éxito: de tu compromiso, del coraje y del amor que sientas por esta profesión que abre las puertas de un mundo maravilloso, fantástico y muy diverso, que exige sacrificio, voluntad y acción. Por ello, *nunca temas negociar*.

1
EL PUNTO DE PARTIDA

«Jamás negociemos con miedo, pero jamás temamos negociar»

John F Kennedy

Como punto de partida, mí método de negociación consiste en captar la atención de la contraparte. ¿Cómo se logra esto? Por ejemplo, cuando ves una película, ¿qué es lo que te lleva a mirarla con atención? ¿Qué es lo que te conecta? ¿Qué es lo que te hace sentir identificado? No es lo mismo que te cuente una historia lineal sobre algo que a mí me parece interesante, y quizás a ti no, a que te cuente una historia sobre algo que sé que está conectado, de alguna manera, con tu personalidad, tus creencias, tus valores y tu vida. La **Empática Historia Persuasiva** © es uno de los métodos que me han consagrado como excelente negociador.

Hay muchas tácticas y estrategias que llaman la atención de la contraparte por un momento, algunos minutos. Pero solo logramos «alquilar» su atención. El verdadero paradigma es que la contraparte es el «héroe» de la historia y no tu empresa o tú. La táctica es presentar una historia para resolver el problema del héroe, no el tuyo, todavía. A no ser que seas psicólogo, a nadie le gusta escuchar los problemas del otro; por ello, no alquiles su atención. Debes atrapar la atención de tu héroe comprendiendo su problema o dolor para conectar en forma empática. Comunicarte directamente con su subconsciente para que esté contigo y trabajen en lo que ambos desean lograr.

Cuando me siento atacado debo estudiar y cuestionar las intenciones de mi contraparte.

En el inicio de los tiempos, y reunidos alrededor de una fogata, la mejor forma de comunicación de nuestros ancestros era contar las historias que les habían dejado enseñanzas y sabiduría. Hasta el día de hoy, contar historias es la mejor forma de comunicar y trascender.

En cada historia hay un cúmulo de experiencias que sirven de base para la ayuda mutua. De esta forma, a lo largo de la evolución humana y hace unos 70.000 años, el *homo sapiens* fue creciendo y superando la escala evolutiva gracias a su poder de comunicación a través del lenguaje, lo cual constituyó la revolución cognitiva, una de las tres grandes revoluciones que nuestra especie ha protagonizado. Así lo refiere el profesor Yuval Noah Harari, en su libro *Sapiens*.

La experta en comunicación Nancy Duarte[1], afirma que la narración de historias hace que el cerebro se ilumine de una manera que ninguna otra forma de comunicación lo hace. Explica cómo las historias activan todos los sentidos: «Nos acercan, nos motivan a sentir y nos hacen actuar». ¿No es eso lo que quieres en una negociación? ¿Despertar los sentidos de tu contraparte, conectar y dialogar? ¿Que sienta lo que tú sientes y que actúe en lo que tú pides?

Al iniciar cualquier negociación, reduce tu instinto a responder de manera reactiva y toma el tiempo para reflexionar profundamente sobre lo que tu héroe dice. Siguiendo lo que Confucio nos enseñó: «Reflexionar con calma antes de adoptar ninguna determinación», te ayudaré a construir mejores hábitos; por ejemplo: escuchar la necesidad del otro, saber pedir, celebrar su victoria, etc.

La pausa es lo que le permite a nuestra cabeza estar de acuerdo con nuestras emociones y nuestras iniciativas.

Tienes que transmitir un mensaje que permita a tu héroe entender cómo tú puedes solucionar su problema o su dolor. Muchas

[1] Nancy Duarte, ha escrito cinco libros más vendidos, cuatro de los cuales han ganado premios. Ha aparecido en Fortune, Time Magazine, Wall Street Journal, New York Times, y CNN.

veces tu héroe no sabe que tiene un problema o no está listo para buscar una solución. Cuando posiciones a la contraparte como el héroe y a ti como el guía, lograrás ser reconocido como un recurso confiable que puede solucionar su problema. Debes conectar con el otro, crear la empatía que te va a llevar a tener sinergia. Esto traerá como consecuencia que puedas realizar todas las estrategias persuasivas necesarias para llegar a un acuerdo. Parece difícil, ¿no? Pero no lo es. Déjame que te enseñe, a través de este libro, que el hecho de que tu contraparte sea el héroe de la historia no es solo una buena táctica, sino que es inteligente para los negocios.

John F Kennedy decía: «Jamás negociemos con miedo, pero jamás temamos negociar». No dejes que el miedo te detenga en el proceso de la negociación. Esto es lo que les digo a los líderes que temen dar un paso en falso al tratar de solucionar las diferencias, las incertidumbres y la búsqueda de colaboración para resolver un problema.

«Todos tienen un plan, hasta que los golpean en la cara», afirma Mike Tyson, uno de los grandes boxeadores estadounidenses. Por ello, solo con constancia y perseverancia lograrás consistentemente incrementar tus avances y mejorar paso a paso. Si sigues cada uno de los principios que te iré explicando y pones mucha atención hasta hacer tuyos estos nuevos hábitos, verás que pronto se incorporarán a tu manera de proceder y ni siquiera tendrás necesidad de esforzarte.

Para afrontar cualquier situación en la que debas negociar requieres de conocimientos adecuados, de habilidad, de experiencia y de intuición. Cada negociación es única y, para lograrla, es necesario adquirir técnicas precisas que te llevarán al éxito con cada acuerdo; incluso trabajando con gente difícil.

No permitas que tus miedos contesten las preguntas de tu contraparte.

Miles de años atrás, los reyes y los emperadores eran los únicos que tenían el poder para resolver problemas a grandes escalas. Cientos de años después, esta autoridad fue asumida por los industriales, la gente que estaba en la cadena de producción, luego de la revolución industrial. Posteriormente, el sistema fue creciendo y esa atribución pasó a las instituciones financieras. Pero hoy en día, esa habilidad de resolver problemas está al alcance de todos, de ti y de mí. Cualquier persona con entusiasmo y compromiso tiene la capacidad de resolver problemas, si cuenta con la tecnología, adquiere conocimientos que le den sabiduría y confía en sí mismo.

El ser humano hace negocios desde tiempos inmemoriales. El arte y ciencia de la negociación han tenido cambios e innovaciones, los cuales me he encargado de estudiar y practicar para nutrirte de información verdadera. Una de las cosas en las que más profundicé fue acerca del conocimiento de las historias que permitieron el desarrollo de la sociedad en forma acelerada, la empatía para colaborar mejor y la persuasión que nos ayuda a captar la atención del otro. Lo primordial de este modelo es estudiar detenidamente a la contraparte; entender cuáles son sus problemas, cuál es el dolor que lleva por dentro. Todo ese estudio te permitirá una mayor retribución en términos de cercanía y, con ello, lograrás los mejores resultados.

Me gustaría comenzar directamente con los conceptos y entrar de lleno en el mundo de la influencia, la persuasión y la negociación. Aunque primero necesito sincerarme contigo y explicarte que este método de negociación surgió por una concepción egoísta de mi parte. Te preguntarás qué quiero decir con esto. Me refiero a mi búsqueda del «cómo» tener ventajas por sobre cualquier otro negociador. Por más de 26 años estuve tratando de encontrar las razones que me llevaran a entender por qué fallamos al momento de estar cara a cara con nuestra contraparte. Por qué competimos cuando tenemos que colaborar. Por qué colaboramos cuando tenemos que pedir. Por qué nos rendimos cuando tenemos que persistir.

Yo creo que, en un futuro no muy lejano, aproximadamente el cincuenta por ciento de los trabajos convencionales desaparecerá. Ya no vamos a un cajero automático, todos nuestros movimientos financieros los manejamos de manera virtual. En el supermercado pasamos los productos por la cinta y la computadora los va facturando de forma automática.

Estoy convencido de que habrá muchas tareas que ya no serán útiles, pero lo que no desaparecerá será el trabajo en equipo, las discusiones sobre cómo ponernos de acuerdo, cómo interactuar con nuestra familia o con nuestro gobierno. La cooperación y mejora de la comunicación nos ayudará a buscar nuevas ideas, lograr lo que todos queremos y aquello que nos beneficiará, individual o colectivamente.

Negociar siempre fue, es y será desafiante, complejo y, muchas veces, difícil. Sin embargo, también genera mucha adrenalina. Para afrontar cualquier situación en la que debas negociar, requieres de un mínimo de conocimiento; de habilidad, de experiencia y de intuición. Cada negociación es única y para lograrla es necesario adquirir técnicas adecuadas que te llevarán al éxito con cada acuerdo; incluso trabajando con gente difícil.

La negociación es un proceso dinámico, nunca estático. Lo único que nunca cambia es la palabra cambio.

Como líder, en el mundo de hoy, estás afrontando cambios complejos en todos los niveles mientras intentas asimilar la dinámica humana que puede ser intraducible, conflictiva y hasta dolorosa. Seguramente, en algún momento de tu vida lo has experimentado, pero todo puede cambiar gracias a la visión que quiero proporcionarte.

Muchos libros de negocios enseñan la teoría y la práctica, dándonos consejos de cómo ser exitosos en este ámbito, pero no logran la transformación del lector en un excelente negociador.

Por ello, a la hora de persuadir, son muchas las preguntas que surgen: ¿Cómo doy la primera oferta?, ¿cómo presento mi idea para que genere el interés necesario?, ¿soy capaz de hacer concesiones efectivamente?

Este libro te ayudará a responder todas esas interrogantes y muchas más. Te hará poner en práctica distintos caminos de análisis y cómo usar el poder de la contraparte para lograr el éxito. Te motivará también a incrementar tu poder de negociación construyendo coaliciones con otras personas.

Es un libro concebido para transformarte en un excelente negociador. Tendrás el poder de entender no solo las tácticas y las estrategias de negociación, sino las correctas formas de persuasión, de influencia y las herramientas de manipulación; comprender a la contraparte e inducirla a un acuerdo.

Quiero ayudarte a negociar en caminos duros y reclamar tu parte del pastel. Si tu interés es leer aspirando a encontrar los mandamientos para ayudar al prójimo, esta literatura no es para ti. No es sobre cómo ser una buena persona; hay otros libros para eso. Esto es un reto, un desafío que te propongo, con herramientas para pelear, lograr tu victoria y defender lo tuyo. No voy a mostrarte que tan buena persona soy. Aprenderás estrategias, tácticas y técnicas que te permitirán convertirte en un excelente negociador, con lo cual lograrás los beneficios necesarios para la satisfacción de las necesidades de tu familia y las tuyas, y podrás alcanzar el éxito.

Debo pedirte encarecidamente que hagas buen uso de esta información. La emplees con total responsabilidad y aproveches el tiempo, que es el recurso más efímero del que disponemos. Mi objetivo es que obtengas tus mejores resultados y puedas alcanzar negociaciones exitosas. No pretendo que manipules a nadie, al contrario, mi propósito con este libro es enseñarte la mejor forma de lograr acuerdos buscando la excelencia. Sabiendo cómo defenderte al momento en que otros tratan de manipularte.

Sobre todos estos conceptos profundizaré en estas páginas. Te ayudaré a incorporarlos a tus prácticas para que te conviertas en un maestro del arte y ciencia de la negociación. La preparación, la identificación de las necesidades, etc., pueden ser fáciles, pero la verdadera dificultad la tienes al momento del «cara a cara», en la mesa de negociación. Es en ese momento, cuando debes establecer la empatía, que es una capacidad necesaria para enganchar con tu héroe, para que sienta que le estás prestando atención y que estás poniéndote en sus zapatos. Es allí, que tus actitudes, tus emociones, tu temperamento, son puestos a prueba; un golpe bajo podría desequilibrarte totalmente, haciéndote reaccionar de una manera inapropiada, tanto así que después serías el primero en arrepentirte.

Sócrates nos dejó un mensaje muy importante: «Una vida sin examen no merece la pena ser vivida». Apela a la importancia de examinarse a sí mismo para mantener una actitud crítica con el fin último de evolucionar. Te recomiendo que te tomes el tiempo para analizar tu forma de influir y negociar. Mirar hacia tu yo interno, hacer preguntas y apreciar las respuestas, contemplar las ideas que devienen de esas incógnitas y ver cómo te afectan. Para negociar exitosamente debes trabajar no solo en las tácticas y las estrategias, sino en tu actitud y confianza. Antes de negociar pregúntate: ¿Qué quiere decir esto? ¿Cómo estás dirigiéndote a la preparación? ¿Cómo es tu actitud cuando te atacan con distintos desafíos? ¿Cómo es tu creatividad para inventar beneficios mutuos? ¿Cómo planificas tu punto de partida? Porque esas respuestas te darán confianza y una buena actitud frente al desafío.

Uno de mis grandes anhelos es que puedas aprender de forma práctica una metodología que te permita concertar cualquier tipo de acuerdo, que seas dueño de tus tiempos y que puedas adquirir las destrezas para manejarte en épocas de crisis y conflictos.

Por eso, te invito a que leas, estudies, adquieras y desarrolles las mejores herramientas y hábitos para comunicarte. Para obtener un mejor resultado te recomiendo leer el libro en su totalidad para que puedas comprender, manejar y adquirir estos siete principios; los cuales he dividido en 3 etapas:

Etapas	Principios
Comprender	1. Necesidad. 2. Problema.
Planear	3. Propuesta. 4. Pedir.
Cerrar	5. Resultado. 6. No Arreglo. 7. Escribir Su Victoria.

Con estos siete principios podrás persuadir, influenciar y lograr que tu héroe piense que tus ideas son sus ideas. Al constatar su efectividad, cambiará tu forma de hablar de negocios; tu manera de comunicar para persuadir, de ayudar a las personas a que vean tu punto de vista. No hay nada mejor que entender a tu héroe, si quieres ser entendido. No olvides, un ganar-ganar no existe si tú no logras lo que mereces, cediste de más o no estás del todo conforme. Este libro podrá ayudarte a adquirir hábitos para alcanzar la excelencia en el arte y ciencia de la negociación.

Para apoyarte en tu aprendizaje y para que puedas entender mejor la aplicación de los conceptos emitidos en este capítulo, te invito a revisar los documentos y videos que podrás encontrar en la siguiente página web:

www.nuncatemasnegociar.com

2
PIENSA DIFERENTE

El hombre nunca sabe de lo que es capaz, hasta que lo intenta.

Charles Dickens

A comienzos de 1983, Steve Jobs lanzó una campaña para «Lisa» que, en ese momento, era el gran proyecto de Apple. Su idea fue llenar los periódicos del país con publicidad para vender su nuevo producto. Pagó nueve páginas en el New York Times, llenas de descripciones aburridas sobre las partes técnicas que solo entendía un científico de la NASA. El resultado de esto fue que se vendieron solo 10.000 computadoras tras 150 millones de dólares invertidos en I+D, y el proyecto, claramente, fracasó.

Forzado a retirarse de su propia empresa, Jobs fundó una nueva compañía que luego se llamó Estudios de Animación Pixar.

Allí se rodeó de genios *storytellers* de los cuales obtuvo grandes enseñanzas. Se dio cuenta de que saber narrar historias era primordial para transmitir ideas de forma efectiva y eficaz. Transformó su forma de comunicar, se focalizó en el otro y no en sí mismo. Su paso por Pixar cambió su mente.

A su regreso a Apple se dedicó a filtrar sus mensajes mediante historias para contar a los clientes. Jobs se convirtió en el mejor narrador de historias del mundo de los negocios porque transformó el lanzamiento de un producto, a menudo poco imaginativo, en una producción teatral. Utilizó el mismo paradigma de narración de los guiones de Hollywood: *configuración, confrontación, resolución.*[2]

Jobs se transformó en un CEO centrado en las necesidades de los consumidores, con un mensaje claro hacia ellos. De aquellas nueve páginas de publicidad pasó a dos palabras y las publicó en todas las carteleras de los Estados Unidos. Cada anuncio presentaba un retrato en blanco y negro de figuras históricas, entre ellas: Einstein, Gandhi, Lennon, Dylan, Picasso, Edison, etc., con solo el logotipo de Apple y dos palabras en la esquina «Think Different». Todas las imágenes representaban a personas creativas que se arriesgaron, que desafiaron el fracaso y que dedicaron su vida a hacer las cosas de manera diferente. Sin duda, el mensaje llegó y continúa llegando aún

---

[2] Carmine Gallo Abril 11, 2016, https://www.businessinsider.com/steve-jobs-followed-a-simple-3-step-formula-for-all-of-his-speeches-2016-4

en estos tiempos, es decir, logró trascender a partir de la narración de historias exitosas.

Además de los comerciales de gráfica, Apple creó una campaña de televisión que evocaba el espíritu de la Sociedad de los Poetas Muertos. Para esa campaña, Jobs quería que Robin Williams leyera su narración. Lamentablemente, no pudo lograrlo debido a que Williams no realizaba comerciales, por lo que la tarea recayó en el actor Richard Dreyfuss, quien era un fanático de Apple, tal como lo narra Walter Isaacson (2011) en la biografía del CEO.

La agencia de publicidad también le pidió a Jobs que grabara su voz para el comercial. Pero, luego de hacerlo, éste se retractó y decidió no usar su propia voz porque afirmó, en palabras textuales: «Si la gente descubre que es mi voz, pensarán que esta empresa se centra exclusivamente en mí». Los verdaderos héroes de Apple son los clientes y Jobs no quería confundir a sus héroes con la posibilidad de ser visto como otro héroe.

A partir de allí, Apple dejó de comunicarse enumerando las especificaciones de sus productos y optó por simplificar los mensajes. Debemos pensar diferente si queremos obtener resultados diferentes. Este cambio fue clave para que la empresa se comunicara y conectara con sus clientes.

Comunicarnos mediante historias desde la base de que la contraparte no es nuestro enemigo, sino el héroe, la estrella, el protagonista de una película llamada negociación. Porque la gente no cierra tratos con cualquiera, lo hace únicamente con personas que los comprenden y entienden.

Ahora, quiero hacerte algunas preguntas y te pido, al mismo tiempo, que reflexiones al respecto. Toma el tiempo que necesites:

1. ¿Piensas que puedes simplificar tu mensaje al momento de negociar?

2. ¿Puedes ver a la contraparte como la persona más importante de la mesa? ¿Es el protagonista de la negociación?

3. ¿Estás dispuesto a cambiar tu manera de comunicarte, para hacerlo de forma simple y empática con tu héroe, si yo te enseño cómo?

4. ¿Utilizarías nuevas herramientas, si te ayudan a negociar y persuadir para lograr mejores resultados sin esfuerzo?

Para tener éxito hoy, explora tus alternativas y considera ser más empático mientras valoras las perspectivas de otras personas. Con las complejidades de la vida del siglo XXI, la evolución humana no puede seguir el ritmo de los cambios. Esto te deja con herramientas antiguas para resolver nuevos problemas. Esas viejas herramientas, a menudo, hacen que hagas lo contrario de lo que deberías. Ahora, debes pensar en forma diferente.

Tratando de encontrar soluciones a nuevos conflictos, la mayoría de las personas no se detienen a pensar en nuevas herramientas o métodos de negociación, sino que insisten en usar técnicas antiguas, pensando erróneamente que, si se esfuerzan más, obtendrán lo que necesitan. Pero, Albert Einstein nos enseñó que es una locura hacer lo mismo una y otra vez, y esperar un resultado distinto.

Intenta que la contraparte se sienta cómoda durante todo el proceso de negociación.

Todos nos mentimos a nosotros mismos, formándonos opiniones que parecen correctas sobre lo que, en realidad, es incorrecto. Como dice Daniel Kahneman (2011): «Somos ciegos de nuestra propia ceguera». Muchas veces, cuando te sientes confrontado por alguien respecto de alguna de tus opiniones, las defiendes con argumentos lógicos, cuando, en realidad, esas opiniones no han nacido en ti de manera lógico-racional, sino de manera emocional. La mayoría de las personas toman decisiones emocionalmente; pero, para poder dormir tranquilos, las justifican racionalmente. De esta forma, tus opiniones se convierten en tu verdad y te empeñas en tener razón sobre ellas.

Ahora piensa en una situación de negociación: muchas veces perdemos el tiempo discutiendo quién tiene la razón, por miedo a perder el poder o el compromiso del héroe. Pero, solo comprendiendo sus intereses, necesidades y motivaciones lograremos el acuerdo.

La mayor parte de los malentendidos y conflictos surgen cuando pensamos que nuestras necesidades e intereses son incompatibles. Pero no dedicamos tiempo al análisis de cómo hacerlas compatibles y en dónde podemos trabajar juntos, dejando de lado las diferencias e investigando las similitudes que hay entre nuestra contraparte y nosotros. A principio de los años 80's, la Universidad de Harvard desarrolló un modelo de negociación en el que propuso centrarse en los intereses y no en las posiciones, para mejorar nuestras habilidades de negociación. Esto significa que debemos buscar intereses y no perder el tiempo discutiendo posiciones. Detrás de cada punto de vista hay necesidades básicas, deseos y motivaciones que nos permiten identificar los intereses.

Identificando los intereses de la contraparte, tendrás el camino para influenciarlo.

Ahora bien, más allá de lo acertado de la propuesta de Harvard, ¿cómo la implementamos? Es decir, ¿qué herramientas utilizamos para centrarnos en los intereses y no en las posiciones? Necesitamos que nuestra contraparte exprese sus intereses sin el temor de que, al hacerlo, pueda ser manipulado por nosotros y, por ello, perder su poder de negociación. Pero esto no resulta sencillo. ¿Cómo hacemos, entonces, para que la otra parte se sincere con nosotros respecto de sus intereses?

2.1- CONTAR HISTORIAS: "STORYTELLING"

Desde que los humanos desarrollaron el lenguaje, la herramienta de comunicación más poderosa fue contar historias. Esa sigue siendo, hoy en día, la estrategia utilizada por los comunicadores profesionales, especialmente por los líderes.

Durante los 26 años que he dedicado a resolver conflictos y negociaciones, si hay algo que me ha dejado claro mi experiencia es que contar historias no es la mejor, sino la única forma de comunicarnos y la que nos permite captar todos los sentidos de la audiencia. De manera explícita o implícita, en todas nuestras transacciones hay una historia. Al final de la negociación, tu contraparte será el protagonista, pero tú serás el guía, logrando tus intereses y ayudando en lo posible al héroe a que logre los suyos. Por eso, si queremos ser persuasivos y tener la seguridad de guiar el camino por el cual vamos a transitar, la mejor forma de lograrlo es que narremos un mensaje simple, dejando que la contraparte sea el héroe, porque todos queremos ser el protagonista al competir. Esto no solo permitirá que tu contraparte te escuche mejor, sino que acepte tu guía en el proceso. Como dice Carmine Gallo, instructor de la Universidad de Harvard, «el cerebro está diseñado para armar historias». «No hay mayor habilidad que impacte positivamente tu persona que convertirte en un narrador de historias, porque las historias bien contadas tienen el poder de enseñar, aclarar e inspirar».

Seguramente te lo has preguntado, y en función de lo que acabo de plantear, te imaginarás que la idea central del proceso de negociación ya no pasa por el hecho de saturar a tu contraparte con datos técnicos y aburridos, o por centrarte en tus cualidades personales y egocéntricas. Por el contrario, el eje será narrar una historia que nos permita mejorar nuestra forma de conectar, crear, ofrecer y vender.

Como todo en la negociación, la historia que narres debe ser fruto de la planificación. «Las historias con propósito, aquellas creadas con una misión específica en mente, son absolutamente esenciales para persuadir a otros a apoyar una visión, un sueño o una causa. Siendo el motor de acción que mueve a las personas a hacer cosas».[3]

El uso de historias como dispositivo de comunicación de datos ayudará a que las recomendaciones contenidas en esas historias se cumplan y se actúe de acuerdo con ellas. Tal como lo sostiene la experta en comunicación Nancy Duarte, «...las historias hacen que el cerebro se ilumine de una manera que ninguna otra forma de comunicación lo hace».

«La historia es la última y mejor herramienta de negocios para ayudar a los líderes a comunicarse mejor, motivar a los equipos de ventas y ganar clientes lejos de la competencia».[4]

---

[3] Peter Guber, expresidente y CEO de Sony Pictures Entertainment.

[4] Kindra Hall experta y consultora de marcas mundiales como Facebook, Hoteles Hilton.

2.2- EMPATÍA

Como puedes apreciar, he comenzado sosteniendo que pensar diferente implica simplificar nuestro mensaje y conectar con el protagonista, del mismo modo en que lo hacemos cuando escuchamos una historia y comprendemos al héroe. Pero esas historias no pueden surgir de nuestra propia imaginación, desconectadas de lo que le sucede a nuestra contraparte. Por el contrario, nuestra historia se sostiene en las necesidades y puntos de vista de nuestro protagonista. Y para que tú puedas comprender esas necesidades y puntos de vista necesitas desarrollar algo fundamental: la empatía.

Podemos definir la empatía como un conjunto de capacidades que nos permiten reconocer y entender las emociones de los demás. Para ser más precisos, Carl Rogers[5] sostiene que: «La empatía es el esfuerzo del oyente para escuchar a la otra persona de manera profunda, precisa y sin prejuicios. La empatía implica escuchar con la habilidad reflexiva que aclara y amplifica la propia experiencia y significado de la persona, sin imponer el material del oyente» (falta referencia). Hablaremos del héroe durante todo el libro, y de que la mejor forma de practicar empatía es ponerte en los zapatos del otro y

---

[5] Carl Ransom Rogers (1902-1987) psicólogo estadounidense y uno de los fundadores del enfoque humanista de la psicología.

escucharlo sin prejuicios, porque es tu héroe, y lo quieres ayudar como un gran guía.

Daniel Goleman (2013) en su libro, *Focus* señala que la empatía cognitiva (*cognitive empathy)* nos brinda la habilidad de entender las formas de ver y de pensar de una persona. Ver a través de los ojos de los otros y razonar siguiendo sus líneas de pensamiento, nos ayuda a elegir un lenguaje que se corresponda con su manera de entender las cosas.

En la conversación, todos nos abrimos a comprender cuando nos sentimos comprendidos. Cuando el otro se sienta entendido, te va a entender.

Por estas razones, la empatía es una de las armas más poderosas que puedes usar para organizar la información y entender «*cómo*» tu héroe procesa lo que estás diciendo. Cuando utilizamos empatía logramos que el héroe nos explique sus intereses y podemos captar sus intenciones. Sin empatía nos cuesta escuchar lo que debemos, porque anteponemos nuestras presunciones, prejuicios y formas de ver el mundo.

En el libro *Los 7 Hábitos De Las Personas Altamente Efectivas,* Stephen Covey dice: «Busca entender, para ser entendido». Creo que ésta es una de las mejores definiciones de cómo utilizar la empatía estratégicamente. Si el héroe se siente escuchado, estará más abierto a escuchar y podrá entenderte.

Esto no quiere decir que compartas o estés de acuerdo con el sentir de tu héroe. Tratar de estar en acuerdo con el otro puede ser una forma de ceder, perjudicando tus intereses. Lo que tenemos que hacer es identificar y entender lo que está pasando con la otra persona y articular nuestras palabras y acciones en función de ello.

«Utilizando una empatía profunda hacia el otro, su parte energética-defensiva baja, y empieza a haber una energía mucho más positiva que termina reemplazando la defensiva. Y es en este punto donde obtenemos la posibilidad de resolver problemas». Son muchos los estudios que demuestran que necesitamos trabajar arduamente para lograr que nuestro héroe (y nosotros) estemos allí, en ese momento de «creatividad», para resolver problemas. Hay que utilizar la empatía, desde un punto de vista estratégico, para saber cómo voy a comunicar, siempre con la idea de cómo poder influir en el otro. Esto se logra mediante una posición neutral, a partir del conocimiento sobre dónde está ubicada la contraparte. Y, desde ahí, podemos persuadir estratégicamente por medio de la empatía dando a conocer mis opciones, mis criterios, lo que voy a necesitar, y cómo lograremos alcanzar el éxito en la negociación.

Sin embargo, debemos tener cuidado y, como señalaba antes, trabajar desde un punto de vista neutral. Si no lo hacemos, en lugar de usar la empatía a nuestro favor resultaremos víctimas de ella. Dejarnos llevar por el problema del otro, de manera emocional, puede terminar colocándonos en una posición de desventaja, haciéndole ver a nuestra contraparte que hemos perdido fuerza y posibilidades de mantener nuestro eje. Y esto ya no resultaría empático, sino desventajoso para nosotros porque solo cedemos a los intereses del otro si logramos los nuestros. Tenemos que utilizar la empatía con una noción de perspectiva de lo que queremos lograr. Por ejemplo, un estudio que se realizó a parejas sentimentales señaló que mientras más fuertes eran los sentimientos de amor más bajos eran los resultados en las negociaciones entre ellos. Debido a que la demasiada empatía ponía en riesgo los intereses de cada uno. Ese es uno de los grandes problemas que conlleva el exceso de empatía o el mal uso de ella.

En definitiva, tenemos que escuchar con empatía para generar una situación de resolución de problemas; no para que el otro tenga la posibilidad de manipularnos con nuestra vulnerabilidad en sus manos y tomar ventaja de lo que nosotros podemos pedir.

No debemos olvidar que la persona siempre va a tener miedo de no alcanzar sus intereses. Por eso, si logramos comprender, por medio de la empatía, dónde se articulan sus emociones, vamos a poder comunicarnos apropiadamente.

Llegados a este punto, no está de más señalar que empatía no es lo mismo que simpatía. Hay un abismo de diferencia entre ambos conceptos. La Empatía no es ponerse de acuerdo con el otro, sino reconocer sus sentimientos y emociones y tratar de comprenderlas. E. Robert Mnookin (2004) en su libro *Beyond Winning*, dice: «Empatía no es ser bueno, sino comprender a la otra parte. Entender los sentimientos y el mindset de la otra persona. Escuchar, entendiendo sus sentimientos». De esta manera, vamos a poder incrementar nuestra influencia al momento de actuar.

Así, se entiende que quieres ayudar en base a lo que escuchas y comprendes. Para tu héroe va a tener sentido lo que dices si favoreces sus resultados, porque él negocia para mejorar su vida o eliminar un dolor. La empatía nos ayuda a escuchar lo que dice y no dice el héroe con su comportamiento corporal y su tono de voz.

2.3- LO QUE NO SE DICE

Desarrollar empatía implica escuchar activamente a tu héroe. Pero esto no implica dejar de atender (y entender) lo que éste «no dice» en forma verbal, puesto que un simple gesto o mirada puede simbolizar mil palabras. Fíjate atentamente en el lenguaje de su cuerpo: si las palabras de una persona contradicen su lenguaje físico, entonces presta atención especial a sus mensajes corporales.

El consultor austriaco Peter Drucker[6] señala que: «En una negociación es más importante lo que no se dice». No podemos creer todo lo que se dice, debemos escuchar con empatía y prestar atención a la tonalidad y a la comunicación corporal. Esto podemos interpretarlo en dos sentidos: por un lado, como he mencionado antes,

---

[6] Peter Drucker (1909-2005) fue el mayor filósofo del management del siglo XX.

la comunicación es esencial para obtener información, pero también hay que ser cuidadoso con lo que se dice para no entregar demasiados datos a tu héroe. Por otro lado, esto también tiene que ver con buscar la conexión, siendo claro, sin generar ruidos o molestias.

Los grandes negociadores manejan muy bien cada uno de los siete principios de la **Empática Historia Persuasiva** ©, puesto que con ellos no solo ganan la serenidad, sino que dominan la situación con mucha empatía, conectan con la mirada y te hacen sentir que estás en control. Son los que, sin decir mucho, logran convencerte de que con el acuerdo te están dando la solución que tú necesitas.

Es fundamental que demuestres que eres parte de la solución del problema de tu héroe y que estás trabajando para que él gane. Cuidado, «si no eres parte de la solución, eres parte del problema», como lo afirmó el exdirigente soviético Vladimir Lenin. Debes saber que el otro también está observando lo que tú no dices y si no te controlas, pierdes. Por eso, un buen negociador sabe vigilar sus emociones y domina el arte de hacer buenas preguntas con claridad para trabajar en la solución.

Si tienes un problema con alguien, la base para encontrar una solución estará en tu capacidad para generar sinergias, separar a las personas del problema y lograr que las dos partes trabajen para enfrentar la situación. En caso contrario, toda iniciativa de negociación fracasará y con esto vendrán todo tipo de justificaciones, cuando la verdadera razón fue tu falta de comunicación y poca claridad. Como dice Carl Rogers: «La incapacidad del hombre para comunicarse es el resultado de su incapacidad para escuchar con eficacia».

No entender a tu contraparte, no saber hacer las preguntas correctas en el momento adecuado, lleva a una perspectiva negativa. Entonces, es importante convencer a tus interlocutores de que los problemas los pueden resolver juntos, porque negociar es una interacción donde hay una oportunidad mayor para realizar un aprendizaje o un cambio.

Para ser efectivos debemos interpretar el lenguaje corporal del protagonista, porque nos proporcionan pistas sobre sus pensamientos y emociones. Greg Williams (2016) afirma que «tu capacidad para controlar tus señales puede tener un profundo impacto en una negociación».

Greg nos enseña, además, estas siete micro expresiones universales que son «felicidad, sorpresa, ira, asco, desprecio, tristeza y miedo». Las personas felices tienen «ojos muy abiertos, mejillas elevadas» y una sonrisa. La sorpresa presenta cejas arqueadas, ojos muy abiertos y boca abierta. La ira se revela a través de las cejas que están juntas, los labios fruncidos y las fosas nasales dilatadas. Un labio superior elevado o nariz arrugada indica disgusto. El desprecio se aprecia con rapidez, generalmente con una esquina del labio curvada en una sonrisa burlona. Los ojos abatidos o desenfocados sugieren tristeza. Las personas proyectan miedo en micro expresiones instantáneas al mostrar exteriormente los ojos bien abiertos, las cejas arqueadas, los labios estirados o la boca abierta.

Te recomiendo leer su libro porque te ayudará en las maniobras de negociación y emociones que debes aprovechar para lograr tus intereses. Porque aprender a leer lo que «no se dice», y además enviar señales de lenguaje corporal, te va a permitir tener ventaja.

Para apoyarte en tu aprendizaje y para que puedas entender mejor la aplicación de los conceptos emitidos en este capítulo, te invito a revisar los documentos y videos que podrás encontrar en la siguiente página web:

www.nuncatemasnegociar.com

3

EMPÁTICA HISTORIA PERSUASIVA ©

Sin personalidad, el personaje puede ser gracioso y hasta interesante, pero a menos que las personas logren identificarse con el personaje, una historia con un personaje sin personalidad no atrapa a la audiencia.

Walt Disney

Conocerte a ti mismo es un punto esencial para mejorar tus habilidades como negociador. Sobre ello hablaremos en las próximas páginas.

Al conocerte a ti mismo verás cuáles son los aspectos de una negociación que te generan miedos, incertidumbre y ansiedad. A cada uno de nosotros se nos activa la ansiedad por distintos motivos. Habrá quienes, ante la negativa del otro, sientan que el negocio fracasará.

Otros experimentarán ansiedad frente a las respuestas ambiguas. Como fuere, es necesario incorporar una serie de principios que también puedes usarlos como pasos. Te permiten entender cómo funcionamos nosotros mismos ante una negociación, y cómo funciona el otro y el vínculo que establecemos con él. Esos principios son siete, que se encuadran en lo que denominamos **Empática Historia Persuasiva** ©.

Sin persuasión ni influencia, nunca habrá entendimiento entre las partes.

Primero, vamos a comparar los elementos para contar una historia (guion) con las etapas de la negociación. Una buena historia despierta la curiosidad, capta la atención y se convierte en una excelente herramienta para influir. La historia es la mejor arma que tenemos para organizar la información, y con ella podemos lograr atrapar la atención de las personas.

Debes descubrir la historia de tu héroe y ubicarte justo en el medio. Recuerda que Steve Jobs utilizó los tres actos que constituyen la estructura de los guiones de Hollywood: 1.- Configuración (dcl lugar y de los personajes). 2.- Confrontación (la del personaje con un obstáculo). 3.- Resolución (que culmina en un clímax y un desenlace). Perfecto, en negociación estos tres actos son las tres etapas de interacción entre las partes: 1.- Comprender, (la necesidad y el problema). 2.- Planear (mostrar la propuesta y llamado a la acción) y 3.- Cerrar (resolución con acuerdo o no acuerdo).

Guiones De Hollywood	**Empática Historia Persuasiva ©**
Actos	***Etapas***
Configuración	Comprender
Confrontación	Planear
Resolución	Cerrar

Veámoslo en detalle:

Cuando empezamos a construir una negociación es necesario ejecutar tres etapas:

1. ***Comprender,*** entender a mi héroe, *¿qué quiere y por qué lo quiere?*

2. ***Planear,*** configurar una propuesta y pedir lo que necesitamos. Esta etapa implica, además, proponer un «cómo» resolver el problema del protagonista, es decir, aquello que le provoca incomodidad y que quiere resolver. A esto le llamamos *dolor* del protagonista. Por ello, tu propuesta incluirá un modo de resolver el dolor de nuestra contraparte. Y no debes formular dicha propuesta hasta que no tengas plena claridad sobre cómo resolver ese dolor y qué pedir a cambio.

3. ***Cerrar***, entender la sinergia de trabajar juntos. Esto implica cerrar el acuerdo y prepararnos a implementarlo, determinando la forma en que veremos los resultados, con o sin arreglo, y la victoria de tu héroe.

Como decíamos, estas tres etapas de la negociación pueden ser homologadas a la estructura de una historia. La ventaja de utilizar la estructura de contar historias es que esto producirá influencia en la persona y liberará endorfinas en el cerebro, que alivian el dolor y fomentan la euforia, generando una mejor predisposición en nuestra contraparte para conectarse con nosotros y lo que le proponemos. Para ello, te invito a que leas al experto en *Storytelling* Donald Miller[7] quién nos explica, en *How To Tell A Story,* cuáles son los elementos de una historia. Él dice que en estas dos oraciones descansan las tramas de miles de las grandes producciones de Hollywood que han recaudado miles de millones de dólares:

Un personaje tiene un problema, luego se encuentra con un guía que le da un plan y los llama a la acción. Esa acción genera, como resultado, un éxito o un fracaso.

[7] Donald Miller es considerado un experto mundial en el desarrollo de historias.

Para dar un ejemplo, Miller utiliza la película Star Wars, y dice que nuestro héroe, Luke Skywalker, experimenta una tragedia devastadora: su tía y su tío son asesinados a manos del malvado Imperio. Esto hace que se pongan en marcha una serie de eventos. Luke inicia el viaje para convertirse en un Caballero Jedi, destruye la estación de batalla del Imperio y la Estrella de la Muerte, lo cual permite que la Rebelión viva y pelee otro día.

La historia, a su vez, introduce un guía: Obi-Wan Kenobi, un ex Caballero Jedi quien una vez entrenó al padre de Luke.

A continuación, analizaremos, paso a paso, los siete elementos de la estructura de Hollywood y los compararemos con los siete principios de la ***Empática Historia Persuasiva*** ©:

Un PERSONAJE-**Necesidad** quiere algo y se encuentra con un PROBLEMA-**Problema** antes de que pueda obtenerlo. En la cima de su desesperación, un GUÍA-**Propuesta** entra en sus vidas, y los LLAMA A LA ACCIÓN-**Pedir** con un PLAN-**Resultados**. Esa acción les ayuda a evitar el FRACASO-**No arreglo** y termina en un ÉXITO-**Escribir Su Éxito**.

Estructura de Hollywood	**Empática Historia Persuasiva ©**
Elementos	***Principios***
Personaje	Necesidad
Problema	Problema
Guía	Propuesta
Llama a la Acción	Pedir
Plan	Resultados
Fracaso	No Arreglo
Éxito	Escribir Su Éxito

Como puede observarse en el cuadro precedente, en una narración cinematográfica existe el personaje principal. Pues bien, en el proceso de negociación tenemos a nuestra contraparte, que será el protagonista y que tiene una necesidad concreta (que debemos conocer). Por otra parte, en la película, el personaje pasa por uno o más problemas, al igual que nuestro protagonista, cuya necesidad (no resuelta, por ello está negociando) le ocasiona un problema. Luego, en la narración, encontramos un guía que le indica al personaje cómo actuar, lo convoca para que inicie su aventura. En el proceso de negociación, nosotros seremos ese guía que hará una propuesta a nuestro protagonista, para lo cual deberemos pedirle algo. Finalmente, en una narración se plantea el plan que el personaje tiene y que debe llevar adelante para lograr su éxito o, si no puede implementarlo bien, encontrarse con su fracaso. En la negociación ocurre lo mismo, solo que aquí se presentarán los resultados deseados para llegar al éxito o, si no se cumplen, al fracaso.

Eso es todo, y aquí encontrarás esta estructura que se repite en casi todas las películas y en todas las negociaciones. Usaremos cada uno de los principios de la **Empática Historia Persuasiva** ©, a medida que se nos presenten las oportunidades o dificultades a resolver. Te acostumbrarás a incorporarlos en tu proceso de toma de decisiones analizando costos-beneficios al negociar y se convertirán en tus hábitos.

Volvamos entonces a las tres etapas de la negociación, para relacionarlas con los 7 principios de la Historia Empática Persuasiva.

Empática Historia Persuasiva ©	
Etapas	***Principios***
1. Comprender	1. Necesidad
	2. Problema
2. Planear	3. Propuesta
	4. Pedir
3. Cerrar	5. Resultados
	6. No Arreglo
	7. Escribir su Victoria

Es necesario que hagas de la historia una herramienta fundamental para encarar el proceso de la negociación. Lo primero que debes hacer es buscar información para descubrir qué es lo que está pasando por la cabeza del héroe. Y lo segundo es posicionarte de la mejor forma y hacer que éste perciba que estás en la negociación para ayudarlo. Con ello también harás que te comprenda, dejándole claro que eres la mejor opción para lograr satisfacer sus propias necesidades, si alcanzamos un acuerdo.

Nunca te apures, hay que ir rápido pero no deprisa, el compromiso llegará cuando ambos se comprometan.

Si tenemos una buena manera de explicar cómo podemos ayudar a nuestro héroe, inmediatamente se generará sinergia entre ambas partes, debido a que lograremos captar su atención para que nos escuche y nos atienda cuando lo requerimos. Porque cuando una persona demuestra que nos va a ayudar, esto despierta nuestro interés.

Es allí cuándo comenzamos a prestar atención. Por lo tanto, en la historia del héroe debemos estudiar sus necesidades y problemas para plantearle salidas y soluciones.

3.1- ¿ESTÁS LISTO PARA LA NEGOCIACIÓN?

Lo más importante es revisarnos a nivel interno o como lo que llamamos mindset. Nuestra mente debe estar lista como ha enfatizado Henry Kissinger: «El secreto de las negociaciones es una preparación meticulosa». Primero, hay tres preguntas básicas que quiero que te hagas. **- ¿Sabes qué se va a ofertar?** No solo basta con tener una ligera idea, debes saber lo que vas a ofertar, pero no expresarlo al cliente; porque generalmente surgen cambios. **- ¿Cómo esa oferta va a hacer mejor la vida del héroe?** Entender que la vida de mi héroe va a mejorar cuando se llegue al acuerdo, pero también con la satisfacción de mis intereses. **- ¿Qué tengo que hacer para que lleguemos al acuerdo?** Nunca te apures en revelar tu propuesta y compromiso. «Perder la paciencia es perder la batalla», así lo confirmó Mahatma Gandhi.

Los negociadores que tienen éxito son los que saben armarse con las herramientas necesarias. La mayoría de los negociadores estadounidenses no se preparan y culpan de su fracaso a otros, o a la suerte. Pero según el gran filósofo romano Séneca[8]: «La suerte es lo que sucede cuando la preparación se encuentra con la oportunidad». Por ello, la claridad y la calidad en la preparación nos permiten

---

[8] Séneca (c. 4 a. C. - 65 d. C.), fue uno de los más importantes filósofos del imperio romano. Nació en Córdoba, España y creció en Roma.

generar un mensaje estructurado que ayudará al héroe a saber hacia dónde lo llevamos. Es allí donde podremos demostrar progreso hacia el éxito que ambos aspiramos obtener.

Aplicando los 7 principios de la ***Empática Historia Persuasiva*** ©, descubrirás si quieres hacer el acuerdo, y si tu héroe está interesado o no.

Principios	
1-. Necesidad	Identificar la necesidad del héroe - ¿Qué están negociando?
2-. Problema	Identificar lo que no nos dice de su problema - ¿Por qué?
3-. Propuesta	¿Cómo solucionar el problema del héroe?
4-. Pedir	Llamar a la acción, en forma clara y congruente.
5-. Resultado	Cuando esté tu solución en acción. Entonces…
6-. No arreglo	¿si no acepta, que pasará?
7-. Escribir su victoria	Si acepta, ¿Cómo contará su triunfo?

PRIMER PRINCIPIO: **NECESIDAD**

Identificar lo que quiere el héroe para poder trabajar con él y realizar algún arreglo. Así sabrás reconocer si tienes algo que le pueda interesar y si él tiene la necesidad de buscarte para resolver su situación. Es fácil decir lo que se quiere, pero en ocasiones confundimos lo que queremos con lo que necesitamos. Querer y necesitar nos llevan a dos problemas distintos por resolver. En relación con tu protagonista, busca siempre resolver lo que necesita, es decir conseguir sus intereses, no lo que cree que quiere.

SEGUNDO PRINCIPIO: **PROBLEMA**

Debes ser inteligente para *descubrir ese problema*. Es como mirarle las cartas al héroe. Si sabemos el problema, el héroe te prestará atención porque quiere la solución. Es buscar el porqué de sus necesidades para comprender y pensar nuevas soluciones, en forma creativa.

TERCER PRINCIPIO: **PROPUESTA**

Muchos ejecutivos van a negociar para entender el problema y la necesidad, pero no preparan un borrador de propuesta. Esto genera demora y mal entendimiento. El héroe espera que lo guíes y ayudes a resolver el problema. Con el borrador que elabores podrás presentarle una propuesta para entender lo que quiere y no quiere. Aclaremos que el ser humano dice fácil lo que no quiere, pero se cuida de decir lo que quiere por miedo a ser manipulado. Todo esto es información muy valiosa para todo negociador.

CUARTO PRINCIPIO: **PEDIR**

Por lo general, se nos hace difícil pedir, por ejemplo, solicitar dinero, el anticipo o que firmen el contrato. Pero nuestra intención es cerrar el acuerdo y la mejor forma de hacerlo es conocer los «no» del héroe, ubicarnos en su mente, entender sus objeciones y reconocer sus miedos. Recuerda, «si no pedimos, no obtendremos». El que no pide no obtiene. Nunca cometas la arrogancia o temor de no pedir o preguntar, por asumir lo que el otro piensa.

QUINTO PRINCIPIO: **RESULTADO**

Toda decisión es relativa a lo que usamos para comparar y decidir. Y psicológicamente invitamos a nuestro héroe a seguir el progreso en este proceso.

Al explicar lo que puede suceder y la sinergia del acuerdo, estás mostrando acción. Los auténticos líderes de las personas se centran en la acción y en las soluciones, y nunca en los problemas. Conocer la propuesta no es suficiente, tu héroe necesita que le expliques cómo los resultados afectarán su vida y la mejorarán. Todos queremos ver el progreso y las consecuencias para tomar la decisión, y no solamente lo que tenemos que hacer.

SEXTO PRINCIPIO: **NO ARREGLO**

Debemos trabajar con el miedo a no concretar el negocio. Esto no implica que debas expresarlo a tu protagonista, advirtiéndole que estás preparado para que el trato no se concrete. Pero es importante demostrar que no estamos desesperados. Puedes generar esa ansiedad necesaria que lleva a ejercer una urgencia, para que el otro se dé cuenta de que es mejor no perder la oportunidad que se le está ofreciendo y, lo más importante, que esa oferta es por tiempo limitado.

SÉPTIMO PRINCIPIO: **ESCRIBIR SU VICTORIA**

Mostrar lo importante del arreglo y concesiones que está logrando. Escribimos y mostramos los beneficios del acuerdo que hemos alcanzado.

Con estos siete principios irás descubriendo, poco a poco, que escuchar es más fácil de lo que crees. Decía William Ury[9], que «la concesión más barata que se pueda dar es escuchar a la contraparte». Una vez que conozcas esta fórmula se convertirá en la herramienta más poderosa a tu alcance.

Esta propuesta es colaborativa y de intercambio, tomar del otro lo que te hace falta y viceversa, sin necesidad de enfrentamientos agresivos. Cuando las partes de una negociación se enfocan en transmitir empatía —en vez de imponer sus opiniones— todo entra en sintonía, están más propensas a intercambiar puntos de vista y pueden escucharse. Finalmente, la colaboración avanza de manera sólida. Y si la interacción que implica negociar adquiere estas características, las ideas podrán chocar y se enfrentarán nuestros marcos de criterios, pero nosotros no pelearemos ni nos desgastaremos.

Los 7 principios mencionados pueden ser utilizados en conjunto o por separado. El objetivo es lograr una buena implementación del acuerdo y que éste sea satisfactorio para ambos. Además, te invito a utilizarlos en todos los aspectos de tu vida: en la familia, en las relaciones de pareja, en el trabajo, en la comunidad, etc. Un alto ejecutivo de una multinacional —quien participó en uno de mis programas de formación— me dijo, en una ocasión: «Su fórmula me ayudó a salvar mi matrimonio». Sin duda alguna, al seguir

---

[9] William Ury, uno de los fundadores del *Program On Negotiation* (PON – at Harvard Law School) y autor de *SÍ de Acuerdo*.

cada uno de estos sencillos pero estratégicos principios verás cómo aquello que te parecía «sin remedio» era tan solo el producto de un enfoque inadecuado. No lo olvides, la clave está en tu mente.

3.2- LA SOLUCIÓN ESTÁ EN TUS MANOS

Si tú o tus empleados no logran conectar con los clientes, socios o proveedores, lamentablemente éstos se irán con tu competencia. Es fundamental entender y presentar las ventajas que tienes para tu héroe, de lo contrario, quedarás en bancarrota; sin socios, sin proveedores, ni clientes. No obstante, para cualquier problema hay una solución, todo puede ser diferente si lo miras desde otra perspectiva. Trabajar con claridad y con un sistema probado y que funciona, te ayudará a ser poderoso en la mesa de negociación. El que no entiende o comprende al otro puede ser manipulado. Ahora, tienes en tus manos la fórmula para evitar que eso suceda.

Este método de siete principios te ayudará a encontrar la manera de no confundir al héroe, sino de brindarle lo que necesita sin tener miedos durante el proceso de negociación. También comprenderás que nunca debes hablar mal de tu competencia, pues el héroe pensará que tú eres tan tóxico como aquellos que críticas, lo cual lo ahuyentará de inmediato. Recuerda que: «Grande es aquel que para brillar no necesita apagar la luz del otro».[10] Además, debes evitar dar información irrelevante, debes ser capaz de enviar mensajes claros contando historias que conecten.

Siempre trata con respeto a tu héroe. Así no te respete, igualmente, tú respétalo.

En toda negociación lo significativo es la gente, no el tema. Es muy importante la forma en que nos conectamos, el uso de la empatía para comprender, buscar y encontrar soluciones a las dificultades del héroe, porque, de lo contrario, su problema pasará a ser tu problema.

Debemos reconocer que pudiendo tener posiciones opuestas sobre un tema, nuestros intereses son compatibles, de allí la necesidad de ser creativos, no agresivos. El mundialmente reconocido experto en negociación y profesor de Harvard, Deepak Malhotra, nos enseña que cuanto antes modifiques tu punto de vista, y pases de discutir sobre las posiciones a explorar los intereses, más rápido determinarás si las necesidades de ambas partes pueden conciliarse.

Ser el primero en comprender al otro en una negociación te dará una ventaja, será como tener un «as» bajo la manga; trabajarás

---

[10] Dicho popular anónimo que hace referencia al valor de la humildad y honestidad de todo ser humano.

más cómodo y podrás ver las cartas a tu héroe. Nunca creas que la ventaja está en ser comprendido, lo primero es comprender para no perder el control de tu proceso. Una vez iniciada la negociación, ésta debe ser divertida, debe conllevar un momento ameno para todos, en el cual puedes hasta desplegar tu sentido del humor, por supuesto en concordancia con el motivo de la negociación.

A esto se le agrega la disposición para discutir y analizar, así como también la utilidad para generar un mayor valor agregado. No olvides, que una gota no hace al río, muchas gotas sí, y todos juntos como gotas, hacia el mar iremos a dar.

Para apoyarte en tu aprendizaje y para que puedas entender mejor la aplicación de los conceptos emitidos en este capítulo, te invito a revisar los documentos y videos que podrás encontrar en la siguiente página web:

www.nuncatemasnegociar.com

4
¿CÓMO CAMBIAR EL JUEGO?

La educación es el arma más poderosa para cambiar el mundo.

Nelson Mandela

El presidente republicano William Howard Taft[11], en el año 1912, venía atravesando algunos problemas en su gestión de gobierno. Fue en ese momento cuando Theodore Roosevelt[12] decide postularse para un tercer mandato, porque se sentía descontento con la actitud política

[11] William Howard Taft (1857-1930), 27.º presidente de los Estados Unidos (1909-1913), décimo presidente del Tribunal Supremo de los Estados Unidos (1921-1930).

[12] Theodore Roosevelt, (1858-1919) de 43 años, se convirtió en el presidente número 26 y el más joven en la historia de los Estados Unidos (1901-1909).

de Taft.

Teddy Roosevelt se acercaba al final de una campaña electoral muy reñida. Un momento crítico para su éxito fue un viaje final a través del corazón de América. En cada parada, Roosevelt quería inspirar a cada uno de los ciudadanos y dejarles su oferta electoral en un pequeño folleto, que contenía su fotografía. Para ello, se imprimieron tres millones de panfletos. Con suerte, éstos ayudarían a lograr los votos decisivos.

Pero había un problema, la fotografía impresa en los folletos tenía la inscripción de *Moffett Studios - Chicago*, y nadie se percató de solicitar los derechos de autor. Lo peor de todo era que, por ley de propiedad intelectual, el fotógrafo podría demandar 1 dólar por cada copia. En términos actuales, esos 3 millones de dólares de 1912 equivalen a más de 80 millones de dólares. Además, no tenían tiempo para imprimir nuevamente, lo que podría ocasionar una verdadera catástrofe.

¿Qué harías tú? Si no utilizas el panfleto dañarías la única posibilidad de reelección. De lo contrario, si sigues adelante y si el fotógrafo descubre que has usado el material sin su autorización, serías responsable por una deuda millonaria. ¿Qué hacer? Negociar es la única estrategia para resolver este conflicto, nos guste o no. En este caso, la posición débil era la que tenían los trabajadores de Teddy. Y en esa ocasión, la negociación no se centraría en lograr consenso con el artista, sino en poder cumplir con los objetivos y resolver el problema.

Rápidamente, el mánager de la campaña, George Perkins, pensó en el fotógrafo y le asignó el papel más importante en la negociación, el héroe de la película. ¿Qué quiere este héroe? ¿Ser famoso? ¿Que su arte se divulgue por todos los Estados Unidos?

Y, entonces, le envió un telegrama que, según relatan Bacow y Wheeler expertos en negociación del M.I.T., decía: «Estamos planeando distribuir muchos panfletos con la foto de Roosevelt en la portada. Será una gran publicidad para el estudio cuya fotografía usemos. ¿Cuánto nos pagará por usar la suya? Responde de inmediato». En breve recibió esta respuesta: «Nunca antes habíamos hecho esto, pero dadas las circunstancias nos complacería ofrecerle $ 250». Según se informa, Perkins aceptó sin pedir más.

¿Por qué te cuento esta historia? En toda negociación vamos a tener personas al frente de un problema por resolver. La ventaja está en tener información, poder usarla y además conocer las percepciones de cada una de las partes con respecto al acuerdo, opciones y alternativas. Por eso, te enseñaré los detalles generales de cada uno de los siete principios imprescindibles al momento de negociar. El seguimiento o no de esta fórmula definirá tu éxito o tu fracaso.

PRINCIPIO N.º 1: NECESIDAD

Conocer qué necesita mi héroe.

El mánager de la campaña se dio cuenta de que la persona más importante en esa negociación era «el fotógrafo». La única solución a este problema sería conocer lo que el estudio *Moffett* pediría por el uso de la fotografía, porque, de lo contrario, se perdería esa herramienta para la campaña. No había tiempo para volver a imprimir 3 millones de folletos.

El director de la campaña tenía información que el fotógrafo no poseía, y el artista tenía poder, sin saberlo. Eso es algo común en toda negociación. La información no es poder, saber actuar con ella nos da el poder o la percepción de tenerlo. Pero el fotógrafo, aunque tenía poder sin saberlo, no tenía el tiempo para investigar, porque estaba presionado: «Responde de inmediato».

Saber más y poder usar esa información te da una ventaja en la mesa de negociación, por ello el primer principio es entender el «¿qué?» ¿Qué necesita mi contraparte?

Este es el principio bajo el cual adviertes a la necesidad de tu contraparte como lo más importante en la mesa de negociación. Pero el mayor desafío en la práctica (negociando) es ubicar a la contraparte como la persona más importante en la mesa. El mánager de la campaña supo analizar de forma intuitiva lo que el fotógrafo necesitaba. «Para entender las necesidades de tu contraparte tienes que ponerte en sus zapatos, saber cómo piensa y lo que está viviendo», fue una frase que me dijo Roger Fisher, en su despacho de Cambridge, en la Escuela de Derecho de la Universidad de Harvard.

En ese momento, no me fue fácil comprenderlo, porque mi experiencia no me permitía ver con claridad y no podía entender el poder de esa frase. A menudo, nuestra transformación se trata más de «desaprender» que de «aprender». Pero, cuando mi amigo Stuart Diamond, profesor de *Wharton Business School*, durante una conferencia en Philadelphia, me dijo: «Tu contraparte es la persona más importante de la negociación», comprendí que si quiero tener una ventaja sobre mi héroe debo escucharlo con empatía para entender sus necesidades. Tras identificar la necesidad de tu héroe, podrás reconocer y confiar en los recursos que tienes para ayudarlo a superar sus desafíos y lograr lo que aspiras.

PRINCIPIO N.º 2: EL PROBLEMA

Conocer el porqué de su necesidad.

El mánager de la campaña de Roosevelt planeó una estrategia en la que creó una «necesidad» para negociar con el fotógrafo: ser elegido para que su foto apareciera en 3 millones de folletos, lo cual lo haría famoso. «Será una gran publicidad para el estudio cuya fotografía usemos», «¿cuánto nos pagará por usar la suya?». El fotógrafo, quien no era consciente de que tenía un poder, se sintió llamado a formar parte de algo grande: «Nunca habíamos hecho esto, pero dadas las circunstancias, nos complacería ofrecerle $250». Los grandes negociadores no solo reconocen nuestras necesidades sino también saben identificar nuestros problemas. El «¿por qué?» que nosotros no vemos, hasta que nos lo muestran en la mesa.

Para todo héroe resulta muy atractivo saber que tú puedes solucionar su problema, y de inmediato aceptará tu interacción viendo la posibilidad de una sinergia, donde ambos se ayuden a mejorar. Por lo cual, esta sinergia se puede manifestar en una forma más acertada, en una mejor relación, en un proceso más elaborado de toma de decisiones, en un mayor compromiso para llevar a cabo los acuerdos alcanzados o en una combinación de dos o más de éstas. Pero, al momento de estar sentados a la mesa, será importante que identifiques los dolores que causan ese problema y sus motivaciones reales para solucionarlos. Con ello, vas a obtener más poder y lograrás un mayor control del proceso de negociación.

Secretamente, los grandes negociadores descubren este «problema» conociendo el verdadero «porqué» de esa necesidad, pero, sin utilizar la pregunta «¿por qué?», debido a que ésta genera una reacción defensiva en nuestro héroe.

Nunca reacciones a las palabras enviadas, sino identifica las intenciones debajo de cada una de ellas. (Identifica el problema no solo el ruido).

Recuerda, al principio no te dirán nada, pero paulatinamente se mostrarán más abiertos en la medida en que aumenta la confianza y la certeza en que tú tienes la solución a su problema, y que eres un experto en el tema.

Erróneamente, la mayoría de los negociadores trabajan primero sobre sus propios problemas y necesidades para exponerlos y monopolizar la reunión. Esto nos sirve para conectar y conocer si te beneficia el trato con el otro. Pero, tal como se aprecia en este caso, el mánager no comentó sus problemas. Solo se limitó a persuadir e influenciar al héroe para satisfacer las necesidades que él le presenta, y lograr los intereses de la campaña.

De nada sirve pensar «ese problema es suyo, no mío», porque, en caso de que el trato se cierre, nos costará realizar la implementación. Si el problema del héroe no se soluciona, resultará en marcados desacuerdos y, decidirá cancelar el contrato. Tendrás que salir a buscar a otra persona y comenzar el proceso de negociación nuevamente desde el principio.

Busca descubrir el *¿Por qué?* de las necesidades de tu héroe, para poder generar ideas y aportar soluciones, mostrando empatía y ganas de ayudar.

PRINCIPIO N.º 3: LA PROPUESTA

¿Cómo solucionar el dolor del héroe?

Al plantear la negociación, el mánager usó un mensaje claro en su telegrama, con el fin de captar la atención del fotógrafo: «...será una gran oportunidad». En esta última frase se encuentra la esencia de la cuestión, ya que sería una gran difusión para él. Y no solo eso, sino que el mensaje explica que dicha oportunidad sería algo que serviría a «cualquier fotógrafo». Por lo tanto, si no lo aprovecha él, otro lo hará.

Si tu propuesta no va directamente a la resolución del problema, no habrá un cierre exitoso, en este caso el fotógrafo descubre su necesidad con este telegrama. Esta propuesta va directamente a crear y solucionar el problema del fotógrafo «difundir su arte». Hay ejecutivos que van a reuniones sin tener siquiera un borrador de su propuesta, cuando ésta es uno de los aspectos esenciales para poder trabajar sobre el problema del protagonista y cerrar el trato. Si tú no tienes una propuesta —o borrador—, tu seguridad, tonalidad y lenguaje corporal estarán en tela de juicio, y se notará tu falta de preparación.

El héroe de la historia es un ser humano que busca una guía o una solución para avanzar sobre sus dificultades. Si la estrella de la película encuentra en ti una potencial solución de su problema, ello le provocará una alegría inmediata que asegura el éxito del proceso y apertura para entender la solución que propones como experto en el área. Esto quiere decir que te verá como su salvador y confiará en ti para cerrar el trato.

Demuestra que entiendes su problema y que puedes solucionarlo, porque ya lo has hecho en otras ocasiones. Escucha con empatía al héroe y enfócate con tu propuesta en soluciones puntuales, y demuestra que lo entiendes. Explica tu ofrecimiento, interactuando en lo que él percibe que causa su dolor.

Este paso es uno de los más largos, debido a que ambos tendrán propuestas que intercambiar. Debemos buscar que el héroe tenga certeza, en forma lógica y emocional, de que tengo una buena guía de avance para la búsqueda de soluciones a sus dificultades. Entrega tu propuesta con una historia empática y de forma persuasiva, porque la gente nunca olvidará como los hiciste sentir[13]. En el ejemplo del fotógrafo, el jefe de campaña creó una historia: una situación en la que el artista sería el protagonista y ganaría fama por la publicación de su foto, la foto del futuro presidente. ¿Cómo no querer protagonizar esa historia? Entonces: ¿qué historia vas a crear para que tu contraparte se sienta el protagonista y se sumerja en ella?

---

[13] Maya Angelou (1928-2014) fue una activista de derechos civiles, poeta y autora galardonada.

PRINCIPIO N.º 4: PEDIR

El que pide, recibe.

El protagonista de la negociación siempre confiará en alguien que, después de haber mostrado su propuesta, sabrá proceder con claridad y pedirá con certeza, lo que es necesario para el próximo paso. De esta manera, el mánager allanó el terreno del fotógrafo para luego lanzar el pedido: «¿Cuánto nos pagará por usar la suya? Responde de inmediato».

Muchas veces divagas al pedir el cheque, el anticipo, la firma o el compromiso, luego de presentar tu propuesta. Porque pedir no es tan fácil, debemos pensarlo antes de ir a la negociación. Siempre hay que prepararse, buscar estrategias y buenas preguntas para motivar a la contraparte.

Si formulas bien tu propuesta con lógica y emociones, el héroe estará feliz y conforme contigo. Sentirá que entiendes su problema y, por ende, tendrá una solución a su alcance. Confiará en ti, pero todavía no estará decidido del todo, porque no has expresado claramente qué pedirás a cambio. Por ello, debes traducir lo que costará solucionar ese problema, en forma clara y con certeza. Al firmar un acuerdo o realizar una compra se da un gran paso para el que se necesita coraje. Dinero, tiempo, condiciones y entrega son aspectos fundamentales que, si se saben pedir, no serán motivo de desconfianza en nuestro protagonista.

De esta forma se avanza hacia el futuro, eso es lo que buscamos: avanzar y tener progreso en este proceso. Recuerda, estás pidiendo para poder entregar y lograr la estabilidad que el héroe está buscando.

No debes suponer que el otro sabrá, interpretará o deducirá lo que tiene que dar; ese es un gravísimo error. Por más sencillo que parezca, esto no es obvio. Se deben dejar indicaciones muy precisas. Saber pedir es saber ser claro.

PRINCIPIO N.º 5: RESULTADOS

Todo es relativo.

Nadie te seguirá si no le indicas hacia donde lo llevarás. En nuestro ejemplo anterior, el solo hecho de convertirse en el fotógrafo del candidato a la reelección de la presidencia de los Estados Unidos y que su trabajo lo conocerían millones de personas, resultó determinante. El mánager fue claro: «Será una gran publicidad para el estudio cuya fotografía usemos». Esto conectó de inmediato con su héroe.

Entonces, piensa en esto: acabas de pedir algo, fuiste claro, por ejemplo, si pediste la firma de un contrato, o un cheque. Ahora bien, ¿cuál es el siguiente paso? Invítalos y muéstrales el resultado. Los beneficios de ese plan de acción y lo que lograrían gracias a éste.

Nunca te conviene pedir algo sin mostrar los beneficios, es decir, los resultados.

En este principio estamos listos para exponer los resultados, discutir objeciones y entregar algo extra y gratis para cerrar el trato, en caso de tenerlo. El héroe podrá apreciar la razón por la cual pedimos y adquirirá mayor seguridad y certeza. Además, tener claro los beneficios te ayudará a discutir las objeciones que el héroe presentará. Por ejemplo, la respuesta de Moffett: «Nunca antes habíamos hecho esto, pero dadas las circunstancias, nos complacería ofrecerle $ 250».

El héroe, aspirará a escuchar que el problema será resuelto y que, a través de tu servicio o producto, tendrá todo bajo control. Además, podrás explicarle que conoces su necesidad y su problema, brindándole la tranquilidad necesaria para bajar sus niveles de angustia. Todo en su justa medida y en perfecta armonía.

Al explicar los resultados debes ser persuasivo. Y a ello se antepone un proceso arduo de petición, en donde, por lo general, esperas el «sí» o el «no». Sin embargo, el «no» es el comienzo de la negociación, se inicia el conocido regateo y, con ello, se logran sorprendentes compromisos y ajustes de propuesta. Por ello, el «no», no debe intimidarte, sino ayudarte a ver que tienes más trabajo para realizar.

La importancia está en hacer que el héroe de la negociación entienda que tú lo entiendes.

Cuando se está bien preparado en la negociación, se puede usar más tiempo para saber explicar los beneficios y los resultados. Hay gente que quiere saltarse pasos por temor a resultados adversos, o bien porque se está comprometiendo más de la cuenta y estropeando el acuerdo. Aquí conviene bajar los decibeles, comprender lo que el protagonista quiere, no prometer más de lo que realmente se puede lograr, pero, éticamente, mostrar tus mejores posibilidades de ayudar al héroe.

PRINCIPIO N.º 6: EL “NO ARREGLO”

El manejo de los miedos.

El mánager pidió, «Responde de inmediato», lo cual es una forma de decir que no se esperará. Además, de modo subliminal, se está diciendo que hay otras alternativas.

En este punto resulta útil señalar que el ser humano tiende a ser más propenso a evitar una pérdida que a lograr una ganancia. Por ello, mostrarás al héroe que todos los beneficios podrían perderse si no se logra el acuerdo. Eso lo motivará y, en consecuencia, confiará en ti. Debes explicar, sin amenazar, que hay un riesgo real de pérdida.

Supongamos que eres un agente inmobiliario, ésta sería la parte en la que le dices al potencial comprador: «Si no cerramos ahora, vas a tener que buscar otra propiedad porque hay más personas interesadas en comprarla» El héroe reaccionará para no perder los beneficios e inversión de su tiempo en este acuerdo. El protagonista se verá motivado por esa inminente pérdida y dolor de una nueva búsqueda. Ahí es donde tienes que saber mostrar cuáles serán las consecuencias de no llegar al arreglo, insertando miedo a tu favor, pero sin asustarlos. Maquiavelo decía que cuando tenemos que elegir entre el amor y el miedo, que difícilmente coexisten juntos, hay que elegir el miedo, porque de él vamos a obtener más reacción de la contraparte. Se trata, simplemente, del temor a perder algo.

Debes saber explicar que el dolor continuará si no se logra un arreglo. La negociación es un camino de dos vías: ida y vuelta. En cada uno investigarás y estudiarás cómo reacciona el protagonista. No hay tiempos exactos en los que se dividen estos principios. Eso se producirá en la medida en que el héroe muestre certeza y confianza en seguir y en tus posibilidades de ayudarlo. En otras palabras, es hablarle al dolor de la otra persona. Para el fotógrafo, el no arreglo es perder esta posibilidad de una gran difusión de su arte. El exponer lo que pasará con el «no arreglo», puede infundir éticamente miedo, porque el ser humano siempre trata de satisfacer sus propios intereses.

En una ocasión, reunido con William Ury, en Cambridge, me comentó que no debemos renunciar a nuestra ganancia solo para lograr un acuerdo. Eso sería «donar». El «no arreglo» es posible, como resultado de que el acuerdo no es conveniente. Y es siempre mejor un «no acuerdo» que un arreglo sin la satisfacción de ambas partes.

PRINCIPIO N.º 7: ESCRIBIR SU VICTORIA

La maestría de la implementación.

Nunca asumas que tu contraparte entiende exactamente cómo vas a mejorar su vida. En este punto es donde volvemos a hablar de los resultados, que tu protagonista podrá contar a su gente y a su empresa, de lo exitosa que fue su negociación. En 1991, William Ury, en su obra *Supere el No,* explica que se debe escribir para ellos los beneficios que se han llevado porque, aparte de cerrar el acuerdo, sentirán satisfacción personal. De esta manera, cuando lleguen de vuelta a la compañía o con sus familias dirán, con mucho orgullo, algo así: «Mira lo que logré».

En los negocios ofrecen: «ahorro de un 60%» para que las personas, aunque estén comprando algo que en realidad no necesitan, piensen: «bueno, pero nada más pagué el 40%». La gente lo interpreta como una gran victoria. Volviendo otra vez a la historia, podemos ver cómo el mánager de la campaña le ofrece al fotógrafo publicidad para que piense que la necesita, de manera que no repare en la posibilidad de pedirles dinero por el uso de su material.

En estos siete principios hemos abordado una forma nueva de comprender y emprender una negociación. Antes de negociar hay que prepararse en cada principio. Es fácil y divertido, cuando sabes cómo hacerlo. En los próximos capítulos te mostraré cómo pensar y actuar como el mánager de campaña de nuestro ejemplo.

Cada negociación en la que tengas presente estos siete principios mejorará sustancialmente. Te invitaré a revisar muchas preguntas, para que cada una de estas etapas te quede clara y te conduzcan a determinar si quieres o no cerrar el acuerdo.

Recuerda, es un proceso dinámico que va a reordenarse. Para lograr el entendimiento y el hábito de estos siete principios, te recomiendo:

- Lee detenidamente los próximos siete capítulos.
- Realiza un análisis de cuáles preguntas hacer y cómo vas a utilizar las que más te gustan. Para ello tienes que identificarte y tomar en cuenta todos los elementos.
- Prepárate para la próxima negociación ejercitando los siete principios.

Cuando conozcas bien los siete principios comenzarás a identificar en forma automática cuál debes utilizar y en qué momento aplicarlo.

Para apoyarte en tu aprendizaje y para que puedas entender mejor la aplicación de los conceptos emitidos en este capítulo, te invito a revisar los documentos y videos que podrás encontrar en la siguiente página web:

www.nuncatemasnegociar.com

5
LA NECESIDAD

Principio N.º 1: Identificar la necesidad del héroe

¿Qué están negociando?

No merece la pena vivir una vida sin examinar.

Sócrates

Dos hermanas estaban discutiendo por la única naranja que quedaba en la mesa. Su disputa había generado un caos en la cocina, ya que ambas querían apoderarse de la fruta. Una de ellas argumentó a su favor: «Yo soy la mayor, así que me corresponde a mí» y la otra respondió: «No importa que seas la mayor, yo la vi primero, así que es mía». En medio de aquella situación, la madre interviene con autoridad y propone dividir la naranja en dos partes iguales; ¿después de todo?, ésta es una forma justa de solucionar el problema sin profundizar en las necesidades reales de cada una. Es decir, utilizó la conocida y famosa ley salomónica.

La madre soluciona el problema, pero sin conocer qué era lo que cada una de ellas requería de la naranja. ¿Qué pasó entonces? Una de las hermanas descartó la cáscara de la naranja para comerse solo la pulpa, y la otra descartó la pulpa para hacer con la cáscara una tarta de naranja. ¿Qué podemos aprender aquí? Fisher, Ury y Patton nos dicen que, con demasiada frecuencia, los negociadores terminan con media naranja para cada lado en lugar de la fruta entera. Esto es lamentable para ambos, pues los negociadores «dejan dinero en la mesa», no logran llegar al acuerdo cuando pudieron o el acuerdo que alcanzaron podría haber sido mejor para cada lado.

Si la madre hubiese escuchado las necesidades de sus hijas, es decir, para qué quería cada una de ellas la naranja, podría haber resuelto el conflicto de forma muy diferente, satisfaciendo a ambas y evitando dividir el fruto. Muchas veces pensamos que nuestra solución es la única, la más justa y que, en función de ello, tenemos la razón. Pero la verdad es que siempre es mejor tratar de entender al otro y saber específicamente qué necesita, para poder resolver la situación.

A nadie le gusta cerrar un trato que no le resulta conveniente o, como decimos en los Estados Unidos, a nadie le gusta «dejar dinero en la mesa». Entonces, ¿cómo solucionar este dilema, cuando nos cuesta ir de un extremo del caos de la discusión e impedimento de las hermanas, al otro extremo de la rigidez de la decisión salomónica, que las deja descontentas? Al hablar de caos no podemos ignorar la sabiduría de Marco Aurelio Antonino Augusto[14], emperador romano, quien tomó un imperio caótico y en crisis y lo dejó ordenado. Él plantea que: «El impedimento para la acción avanza la acción. Lo que se interpone en el camino se convierte en el camino». El secreto para descubrir este camino está en las preguntas que realices, para que construyas escenarios cooperativos y no situaciones defensivas, porque en toda negociación es mejor preguntar que discutir. Una buena consulta te ayudará a percibir parte del caos en forma flexible y sin dureza.

Preguntar es fácil, pero hacer la pregunta correcta es difícil y requiere una ardua preparación de nuestra parte. Reflexionemos en lo que nos dicen Steven Levitt y Stephen Dubner (2014) en su libro «Think like a Freaky»: «Es de valientes admitir que uno no sabe la respuesta, pero es más difícil aún admitir que uno no tiene una buena pregunta». Debemos tomar medidas para hacer preguntas que nos permitan identificar la necesidad del héroe.

En la mente del negociador coexiste este enfrentamiento entre «caos» y «rigidez», que genera emociones e incertidumbres al momento de interactuar y que a veces nos impide hacer buenas preguntas. Por ello, los grandes negociadores, quienes desarrollan extraordinarios argumentos y ganan la atención de todos, solo te

---

[14] Marco Aurelio Antonino Augusto, gobernó el Imperio Romano desde el 161 hasta el 180.

hacen buenas interrogaciones y te dejan recorrer, mediante tu imaginación, este camino entre los bordes del caos y la rigidez.

Si quieres mejorar tus habilidades de negociador tienes que prestar atención a qué tan bueno eres improvisando en estos momentos de caos, que son indispensables para el éxito. Porque cuando las cosas van bien, es fácil hacer bromas y desafiarnos uno al otro hablando de la resolución del problema ganar-ganar, pero la mayoría de las negociaciones no se desarrollan de este modo. Así lo plantea el experto en negociación y galardonado profesor de Harvard Business School, profesor Michael Wheeler (2013) en su gran libro *The Art of Negotiation*. Allí, el autor explica que «el desafío radica en el hecho de que las preferencias, las opciones y las relaciones suelen estar en constante cambio. Los teóricos pueden haber evitado esta realidad, pero los principales negociadores lo entienden muy bien».

Motivado por este razonamiento, busqué estudiar la mente humana e investigué respuestas en otras disciplinas, específicamente en la psiquiatría, que me explicaran cómo trabaja nuestra mente, para no perderla en el enojo con mis emociones, y cómo manejar los momentos críticos a la hora de negociar.

Déjame presentarte al actual profesor de psiquiatría en la Facultad de Medicina de la UCLA, el Dr. Daniel J Siegel[15], para que

---

[15] Daniel J. Siegel, M.D. Médico, graduado en Harvard, es uno de los revolucionarios innovadores mundiales en la integración de la ciencia del cerebro y en la práctica de la psicoterapia.

te enseñe cómo podemos comprender nuestra vida interior con mayor claridad y mejorar nuestras relaciones con los demás.

El río de la integración es una metáfora usada por Dr. Siegel en su libro *Mindsight* y se utiliza para describir a un ser humano que está prosperando, sano y bien. Cuando el río que representa al ser humano está integrado, sano y fluye, es: flexible + adaptativo + coherente + energizado + estable. Así es como queremos fluir, y donde encontraremos lo mejor de nosotros mismos. El río de la integración tiene dos orillas:

- Rigidez en un lado donde intentas controlar todo y a todos los que te rodean;
- Caos por el otro, donde las cosas se sienten fuera de control, impredecibles e inestables.

Queremos crear una estructura de rigidez saludable y espontánea en nuestras vidas, sin caos. Esta frase del Dr. Daniel Siegel nos define todo «... cuando estamos integrados, cuando unimos diferentes partes de nuestro mundo interno y nuestras relaciones, estamos en el flujo de un río que tiene el sentido de la armonía, es flexible, es adaptativo, tiene una coherencia que lo mantiene junto. Y eso es energizado y estable. Mindsight es la capacidad para que podamos ver dentro de nosotros mismos, para sumergirnos profundamente en el mar adentro».

Al adquirir habilidades de Mindsight, podemos alterar la forma en que funciona la mente y mover nuestras discusiones hacia la integración, lejos de estos extremos de caos y rigidez, que vimos en el ejemplo de la naranja. Con la Mindsight aprendemos a poder enfocar nuestra mente para ser más *flexible, adaptativo, coherente, energizado y estable*. Estos 5 elementos son indispensables para ser un gran negociador. Porque la experiencia de Michael Wheeler nos confirma que «todas las negociaciones, grandes y pequeñas, son caóticas, ya que tienen lugar en entornos fluidos y, a menudo, impredecibles. Pero eso no quiere decir que la negociación sea aleatoria. El proceso es impulsado por cómo interactúan las partes». Negociación efectiva para el profesor Wheeler exige ciclos rápidos de *aprendizaje, adaptación e influencia*, muy parecidos a enfocar nuestra mente en ser más *flexible, adaptativa, coherente, energizada y estable*. Nuestra mente es la que nos permite aplicar estos elementos y aprender e interactuar influenciado.

5.1- MINDSET

La sabiduría de cómo podemos cambiar nuestra mentalidad y entender por qué hacemos lo que hacemos es explicada por Carol Dweck, PhD, profesora de Stanford y una de las principales autoridades mundiales en la ciencia de la motivación. Ella nos dice cómo podemos pasar de lo que se llama una «mindset fija» a una «mindset de crecimiento». ¿La diferencia?: con una mentalidad fija, nuestra autoestima está en juego con todo lo que hacemos y el fracaso es algo que debemos evitar a toda costa. Y esta postura no es positiva porque, al negociar, debemos aprender a tomar riesgos. Por otro lado, con una mentalidad de crecimiento, aceptamos oportunidades desafiantes porque sabemos que solo podemos alcanzar nuestro máximo potencial si lo intentamos, y que el único fracaso es no intentarlo.

Ser un buen negociador requiere una mindset de crecimiento, que se aprende constantemente. Con esfuerzo, diligencia, paciencia y persistencia podemos desarrollar habilidades extraordinarias de persuasión y negociación. Carol Dweck (2016) en su libro *Mindset* confirma que el «buen negociador se hace» y los que tienen una mentalidad de crecimiento obtienen resultados más lucrativos para sí mismos y, además, encuentran soluciones más creativas que confieren beneficios a todos.

La sabiduría convencional que nos aconseja que «el que pega primero, pega dos veces»; o que «la voz más fuerte y firme, prevalece», está completamente equivocada. Porque negociar no es hablar para controlar la conversación o imponer ideas presionando. No significa tener todas las respuestas y acusar con tu tono de voz imperativo. O, como otros piensan, «salirse con la suya». Todas estas formas equivocadas de actuar significan tener una «mindset fija», que no nos permite crecer y alcanzar resultados superiores.

Tu Mindset en la negociación es tan importante como el agua al pez, el negociador sin su cabeza no puede negociar.

Uno de los componentes claves de los negociadores exitosos es que utilizan este principio de la *necesidad* para mantener armonía y cooperación. Ellos siempre escuchan, verifican lo escuchado y conciben su estrategia. Y a ti te conviene actuar del mismo modo. De lo contrario, si lanzas una lista de puntos sobre lo que vas a solicitar, sin escuchar, estás actuando con herramientas antiguas, y la tendencia será a competir y pelear.

No estoy diciendo con esto que tus necesidades no sean importantes, al contrario, son muy significativas y tenemos que ser inteligentes para lograrlas. Si comienzas con demandas y no buenas preguntas, esto se convierte en un juego de suma cero. Al respecto, los expertos Margaret Neal y Thomas Lys afirman que: «En lugar de pensar en la negociación como un juego de suma cero donde obtengo más y tú obtienes menos, piensa en la negociación como una situación en la que dos o más personas deciden lo que cada uno dará y recibirá a través de un proceso de influencia y persuasión mutua, proponiendo soluciones y acordando un curso de acción común».

Entender las necesidades del héroe te va a dar herramientas para aprender a manejar las emociones, maniobrar la incertidumbre y los desafíos que casi siempre surgen, hacer frente a la complejidad técnica y construir relaciones a largo plazo. Por lo general, como lo afirma Daniel Shapiro (2016), «vemos el conflicto como un concepto binario —yo contra usted, nosotros contra ellos— y nos enfocamos en satisfacer nuestros intereses independientes». Esta disputa por lograr nuestros intereses no nos permite entender las necesidades del otro. Shapiro puntualiza que «la mayor barrera para la resolución de conflictos es esa mindset divisiva que los presenta a usted y al otro lado como adversarios inevitables. Mientras estés atrapado en esta mindset, estarás atrapado en un conflicto».

Debes ser el norte del protagonista. Controla tu posición de guía y, de esta forma, puedes conquistar tus intereses de manera cooperativa y no en la posición de adversario. Porque nuestra mindset debe cambiar con la gran enseñanza de Mahatma Gandhi: «Ojo por ojo solo hará que todo el mundo sea ciego». Por ello, evitemos uno de los errores más comunes que se suelen cometer al comienzo de la negociación: no enfocarse en escuchar o cooperar.

5.2- CIEGO DE TU CEGUERA

Seguramente te ha pasado que no comprendes el problema o lo que estás negociando y te dejas llevar por las emociones y rumores, por lo cual, muchas veces, fracasas.

Según el psicólogo y economista Daniel Kahneman, cuando estás concentrado en una actividad o tarea, puedes perder la percepción del resto de lo que está pasando. En su libro *Pensar rápido, pensar lento,* hace referencia a un estudio de atención selectiva conducido por Daniel Simons y Christopher Chabris, en 1999, en el que se les pide a los participantes que, durante un partido de básquetbol, cuenten la cantidad de pases que realiza uno de los dos equipos que están jugando. Uno se encuentra vestido de blanco y el otro de negro. El estudio reveló dos cosas muy interesantes: la mayoría de las personas contó correctamente la cantidad de pases, pero, a su vez, casi nadie notó que, a mitad del experimento, una mujer disfrazada de gorila se cruzaba entre los jugadores y se detenía a mitad de la cancha por nueve segundos, antes de salir de la escena. Miles de personas vieron el video y solamente la mitad notaron que había un gorila, o algo inusual.

Con este ejemplo, Daniel Kahneman demuestra que «podemos ser ciegos a lo obvio, y también somos ciegos a nuestra ceguera». Pensemos entonces: ¿cómo esto afecta a nuestra intención de influir al héroe? La madre de nuestro ejemplo anterior estuvo ciega a lo elemental, es decir, no fue capaz de preguntarle a cada una de sus hijas para qué querían la naranja. Además, fue ciega a la ceguera que le ofreció la solución salomónica: si hay una naranja y tengo dos hijas, solo debo dividirla en dos. Este tipo de compromiso es el error de ganar-ganar en forma de dividir, en vez de buscar maximizar los beneficios de ambos, por ejemplo: las hermanas podrían haber tenido toda la pulpa y la otra toda la cáscara. Ese es un ganar-ganar maximizando los beneficios de ambos, antes de comprometernos a medio camino.

En relación con lo que estamos analizando, revisa tu forma de encarar las negociaciones y trata de responder las siguientes preguntas, de modo sincero:

Cuando negocias:

a) ¿Te guías casi siempre por tu primera percepción/intuición?
b) ¿Asumes que puedes no estar viendo todo el problema y, por lo tanto, que debes preguntar para identificar las verdaderas necesidades del protagonista?
c) ¿Escuchas solo porque «debes hacerlo por cortesía», pero ya tienes preparado qué vas a responder?

Si respondiste «sí» a a) y c), y «no» a b), estás enfocando las cosas de manera errónea.

Las hermanas aceptaron la solución de la madre, y se comprometieron a ese procedimiento rápido, pero cada una obtuvo la mitad de lo que realmente quería. Por ello, debes tomar en cuenta que implementar soluciones o decisiones rápidas, sin escuchar empáticamente y sin hacer preguntas adecuadas, te llevará solo a una situación peor que la que quieres resolver.

Comprometerse con el proceso no es un error, pero debes comprender primero las necesidades del héroe, para saber exactamente en qué punto cerrar ese compromiso.

Debes centrar toda tu atención en el protagonista, incluso en detalles de su lenguaje corporal, como por ejemplo la posición de las manos, gesticulaciones, movimientos y miradas. Esto te permitirá no cometer el mismo error que la madre de las dos hermanas, o dejar pasar por alto el gorila que cruza la cancha. En este caso, debes mostrar al héroe que eres la persona indicada para solucionar sus problemas. Aquí, el punto clave es hacer saber al otro que eres indispensable para resolver el problema, tú eres quien sabe cómo ayudar al héroe a lograr sus objetivos. Eso, sin duda, despertará su interés, en especial por saber cómo lo vas a realizar.

Es frustrante ver ejecutivos que, en su desespero y ansiedad por cerrar rápido el trato, explican de plano toda su propuesta antes de escuchar la necesidad del héroe. Y con esto, lo único que logran es aburrir o abrumar a su contraparte.

Hay que saber dosificar la información, no es una carrera de velocidad, sino de estrategia.

En una negociación ambos tienen intereses, por ello es prioritario conocer la necesidad del héroe. Recuerda, tu héroe debe ser la persona más importante en la negociación, pero tus propias necesidades son tu prioridad. La mejor forma de obtenerlas es comprendiendo al otro.

Empieza a trabajar más seriamente en el tipo de preguntas que vas a hacer para descubrir cuál es la necesidad real y el porqué de éstas. Te daré ejemplos a lo largo del libro, pero solo tú serás el responsable de practicarlas antes de ir a la negociación. Esto te dará confianza para hacerlas, y te ayudará a trabajar en tu tonalidad y lenguaje corporal para no confundir y ser más asertivo al momento de buscar tus respuestas.

5.3- ¿A QUÉ PARTE DEL CEREBRO LE HABLAMOS?

Al ver una película o escuchar una historia nos comprometemos con los personajes, sentimos sus emociones, nos frustramos con ellos, y hasta llegamos a reír y llorar. Y todo ello porque las imágenes y palabras de esa historia estimulan ciertas áreas del cerebro que son las responsables de provocar esas reacciones en nosotros.

Según estudios de las universidades de *Yale* y *Princeton*, cuando nos cuentan una historia, nuestro cerebro se activa como si estuviéramos viviendo lo mismo. Pero a nadie le gusta que le cuenten el final sin haber vivido las emociones del personaje. ¿Correcto? ¿Me creerías si te dijera que nuestra ansiedad por cerrar el trato nos hace hablarle a nuestro héroe sin que él esté listo para entendernos?

Déjame que te lo explique con más detalle. Nuestro cerebro se divide en tres partes, en orden evolutivo: el Reptiliano (supervivencia inmediata), el Límbico (emociones) y el Neocórtex (razonamientos).

La primera es el cerebro de *reptil-reptiliano*, que responde primero a todos los mensajes entrantes y responde sin emociones, con una reacción rápida de lucha o huida. Ni piensa ni siente emociones, simplemente actúa cuando el cuerpo se lo pide. Desde los albores de la humanidad, las personas asumimos lo peor frente a lo desconocido. Nuestros ancestros dependían de manejar amenazas en milésimas de segundos. Si un león se aproximaba, ellos tenían que decidir rápidamente si debían pelear o correr, usando el cerebro reptil, tal como lo plantea Anne Kremer (2015) en su libro *Risk/Reward.*

La segunda, el *cerebro emocional – límbico,* está debajo de la corteza cerebral y está compuesto por la amígdala cerebral, el hipocampo, el hipotálamo y el tálamo. Responde a continuación del reptil y proporciona sentido y pensamiento a la información que recibe. Es allí donde se procesan todas y cada una de las emociones y sentimientos.

La última, el «*cerebro racional - Neocórtex*» es la parte del cerebro encargada de dar sentido a la complejidad y resolver problemas. Permite tener conciencia y controla las emociones. Al mismo tiempo, está implicado en las capacidades cognitivas como: memorización, concentración, autorreflexión, resolución de problemas, etc. La evolución ha hecho que solo los humanos y algunos mamíferos sean «inteligentes», más allá del impulso, el instinto y las emociones.

Esto plantea un desafío, porque realizamos preguntas para que el protagonista razone como nosotros, y él solo está observando si esta información le es útil o no. El problema fundamental es que estamos tratando de persuadir al cerebro de reptil del héroe con detalles y conceptos que le dan miedo; porque necesita ideas simples, claras, directas y no amenazantes para tomar una decisión.

Estamos hablando con nuestro cerebro racional a un cerebro reptil. Es un error desarrollar presentaciones, preguntas y argumentos a nuestro héroe cuando no está listo para escucharnos. En una primera etapa y todavía a la defensiva, nuestro protagonista, muy probablemente, reciba nuestros mensajes a partir de su cerebro reptiliano y, por esa razón, se balancee entre decidir si lo que le decimos representa una amenaza o si «deja pasar» esa información al cerebro emocional.

Si deseamos ser comprendidos y escuchados, tenemos que hacer que el cerebro *Reptiliano* se sienta seguro y cómodo. Como en el comienzo de las películas que nos muestran los personajes y quién es quién, lo básico de lo que hacen y dónde viven, eso es lo que el reptil quiere ver y escuchar. Información breve; clara, visual y novedosa para atraerlo y que nuestro mensaje fluya al cerebro emocional y luego al racional.

5.4- NECESIDADES SUBYACENTES

Al inicio de una negociación cuando comienzas a identificar el potencial deseo de tu protagonista, abres una brecha entre *lo que se quiere* y *lo que se logrará*, sí él decide trabajar contigo. Por ello, debes manejar inteligentemente su necesidad, mostrar el mayor interés en conciliar ambas ideas y cerrar el trato, algo que puedes hacer a partir del mismo momento en que detectas la necesidad del protagonista y le muestras lo que logrará trabajando contigo.

Es normal que las necesidades cambien durante la negociación, y es nuestro trabajo reconocer cómo ayudar a nuestro personaje y darle la mejor solución a su problema cuando esos cambios se presenten. Aprenderás del héroe y así podrás hacerle ver qué otras necesidades tendrán en el futuro y qué puede satisfacer desde ya, como el fotógrafo en el capítulo 4. Es la mejor forma de persuadir y contarle la historia de su felicidad en el futuro cercano.

Es importante indagar en la parte vital de su historia para, de esa forma, poder ver cuáles son esos nuevos detalles que necesita tu héroe para ayudarlo a tomar la mejor decisión, y, con tu guía, hacerlo ver lo que nunca pudo y que ahora podrá. En el pasado, me he percatado de que la información que manejamos sobre el héroe generalmente es limitada, porque se obtiene del pasado o porque no tenemos fuentes confiables y reales. El objetivo de indagar sobre nuestra contraparte es conocer la mayor cantidad de datos e información posible sobre ella, con lo cual obtendremos un panorama más completo y lograremos mejores tratos.

¿Estás pensando en tu manera de negociar y que lo que aquí propongo es muy diferente a ella? ¡Pues vamos por buen camino! ¿Estás confundido? ¡Excelente!¡Celébralo!, esto es solo el comienzo. Te pido que estés abierto a nuevas maneras de pensar. Sé que es difícil, pues todos tenemos la tendencia a bloquearnos frente a nuevas formas de ver las cosas, a las cuales todavía no le encontramos sentido. No te preocupes, la idea es desaprender algunas de nuestras costumbres y tácticas antes de aprender nuevos hábitos que nos permitan mejorar nuestras habilidades.

Ahora, cuando nos abrimos conscientemente a nuevas experiencias y estamos dispuestos a cambiar nuestras perspectivas, introducimos inestabilidad. Eso, por definición, plantea desequilibrio. Necesitamos reconocer el hecho de que todo crecimiento requiere que nos adentremos en lo desconocido.

Si no, pregúntate nuevamente: ¿Qué es lo que están negociando las hermanas? Saber qué estás negociando te ayudará a entender las necesidades de tu protagonista. Imagínate si supieras que tu hermana quiere las cáscaras de la naranja y tú quieres la pulpa, no habría necesidad de negociación, solo una fiesta familiar en la cocina mientras ella hace la tarta y tú te comes la pulpa.

Para apoyarte en tu aprendizaje y para que puedas entender mejor la aplicación de los conceptos emitidos en este capítulo, te invito a revisar los documentos y videos que podrás encontrar en la siguiente página web:

www.nuncatemasnegociar.com

6

EL PROBLEMA

Principio N.º 2: ¿por qué?

Si tuviera una hora para resolver un problema y mi vida dependiera de ello, pasaría cincuenta y cinco minutos definiendo el problema y luego cinco minutos resolviéndolo.

Albert Einstein

Nada alienta más que tu capacidad de demostrar interés en el problema real de tu héroe, para que éste responda con sinceridad a tus preguntas de sondeo, revele sus inquietudes y frustraciones y exponga los resultados que desea. Pero debes hacer esta indagación del modo adecuado y en el momento justo. Recuerda que, con demasiada frecuencia, pasamos rápidamente de la fase de entendimiento de las necesidades a la de realización de nuestra propuesta, cuando, en realidad, no hemos comprendido aún el problema de nuestro protagonista, ni su magnitud.

Por lo general, nuestra investigación no es efectiva porque no hemos comprendido la perspectiva de nuestra contraparte, no hemos generado credibilidad ni nos hemos ganado el derecho de hacer preguntas provocativas. Entonces, caemos en la tentación de hablar de nuestra propuesta antes del análisis del problema, pensando únicamente en nosotros. Además, el problema nunca puede ser el protagonista, sino la situación que ambos estamos tratando de solucionar. Erróneamente, algunos negociadores ven al héroe como el problema, adoptando una postura de enfrentamiento. Por el contrario, debemos enfrentar el problema real que es la situación a negociar.

A menudo, con una historia me ha resultado más fácil descubrir lo que se necesita para resolver problemas difíciles, observando las reacciones de otros. En el próximo apartado comparto una de mis anécdotas favoritas al respecto.

6.1- SIN PODER NI DINERO

Al principio de mi carrera leí esta historia, en una clase en Harvard, que me enseñó a no ser víctima de lo que me falta y saber ofrecer lo que tengo. Después de todo, es muy acertada la enseñanza de

Epicteto[16], quien nació siendo un esclavo y murió convertido en uno de los filósofos más importantes en Roma: «Dios estableció esta ley, diciendo: si quieres algo bueno, obtenlo por ti mismo». Algo que debemos poner en práctica. He aquí el secreto de cómo garantizar que tengas una buena negociación.

En el año 1971, entre Malta[17] y Gran Bretaña existía un acuerdo de cooperación bilateral en materia económica y militar, que vencía en 1974. Tan solo quedaban tres años para que culminara su vigencia, por lo que el Primer Ministro, Dom Mintoff, enfrentaba el gran desafío de tratar de extenderlo y mejorarlo, ya que del acuerdo dependía, en gran medida, la economía de su país.

Los ingleses estaban perdiendo interés en el territorio de Malta. En los últimos meses, Gran Bretaña había retirado la mayor parte de sus tropas, lo cual complicaba la economía de la isla, que dependía de los servicios que sus habitantes prestaban a los militares. Su fuente principal de empleo estaba desapareciendo. Además, Mintoff sabía también que los ingleses querían reducir el pago por la utilización de la isla, que, según lo dispuesto en el acuerdo, era de 7 millones de libras. Pero el Primer Ministro necesitaba, por el contrario, que se aumentara dicho monto al doble, es decir, 14.5 millones de libras anuales. Precisamente motivado por la retirada de gran parte de las tropas inglesas, necesitaba más dinero para mantener

[16] Epicteto (c.55 - 0135), miembro de la escuela estoica, como filósofo tuvo en vida mayor reconocimiento que el propio Platón.

[17] Malta, archipiélago formado por tres islas situadas en el medio del mar Mediterráneo, con un poco más de trescientos cincuenta mil habitantes. Fue colonia británica hasta 1964. Actualmente, es un país independiente, miembro de la UE.

a flote el país. Como podemos apreciar, no se trataba de un problema menor.

La razón de la ocupación de ese territorio por los ingleses era sencilla: ellos formaban parte de la Organización del Tratado de la Alianza del Atlántico Norte (OTAN), y, desde allí, tenían control del Mediterráneo para la seguridad y defensa de sus intereses, así como para el mantenimiento de la paz. También tenían acceso al petróleo y demás recursos energéticos, de los cuales sacaban provecho. Sin embargo, Gran Bretaña estaba estudiando la posibilidad de dirigirse a Grecia, al Sur de Italia, o incluso a Francia, y dejar Malta, ya que desde esos países también tendrían el control del Mediterráneo. Parece una situación difícil de revertir para Malta, ¿verdad?

Evidentemente, Malta debía buscar la salida a esta situación y lograr que Gran Bretaña y la OTAN lo entendieran. Una perspicaz estrategia implementada por el Primer Ministro, en el momento en el que sintió que quizás Gran Bretaña no comprendía su necesidad y su problema, fue introducir a Estados Unidos e Italia, quienes al ser aliados de la OTAN verían las consecuencias. Así mismo, en un momento dado, el Primer Ministro de Malta, al prepararse para negociar, investigó sus mejores alternativas a este acuerdo como, por ejemplo, Rusia y algunos países árabes, quienes estaban dispuestos a pagar el monto pedido por Mintoff, y, de ese modo, ocupar el puesto de los británicos. Evidentemente no era lo que él quería hacer, ya que sus lazos de hermandad con Gran Bretaña eran muy sólidos, pero también veía con preocupación que, si no cambiaba las condiciones en las cuales estaba sustentado el primer acuerdo, sería muy difícil mantener a flote su isla. Su principal interés era poder ingresar más dinero para mantener su economía, y para ello los rusos y árabes podían colaborar.

Tu contraparte es un sujeto, no un objeto.

Lo que buscaba Malta era mostrar que entendía el problema de la OTAN y hacer que Gran Bretaña entendiera cuál era el problema económico y financiero de la isla. En su clara estrategia, el Primer Ministro le mostró a Gran Bretaña cuál era el problema al que se podían enfrentar. De esta forma, y gracias a Mintoff, los británicos identificaron su villano que era Rusia, y no Malta.

Con esto entendemos que el enemigo «villano» en común que tenían Gran Bretaña, Italia y Estados Unidos, era esa latente posibilidad de perder el control y el poder sobre esa parte del Mediterráneo.

Debido a que Mintoff señaló la imperiosa necesidad de generar recursos y mejorar sus finanzas con el alquiler de sus puertos, se generó una gran preocupación y nerviosismo por la posibilidad de que los rusos ocuparan Malta y se hicieran con poder en el Mediterráneo. De allí, la urgencia de solucionar esta complicación, que al principio los británicos no vieron, por focalizarse únicamente en ellos. Siempre debemos estudiar la solución desde la perspectiva de ambas partes y desde todas las ópticas posibles.

El pasado y el futuro son elementos para utilizar en la mesa, pero debes focalizarte siempre en el presente.

Evidentemente, había una preocupación identificada por Gran Bretaña, Italia, y Estados Unidos, debido a que existía la posibilidad de que sus planes cambiaran de un momento a otro. Por ello, EE. UU. pidió a Gran Bretaña que cerrara el acuerdo, sí o sí, otorgando lo que pedían. De esta forma, el Primer Ministro logró que el acuerdo se extendiera por 20 años más, elevando el pago de 7 millones de libras a 14,5 millones.

En primer lugar, enfócate en el principal elemento del conflicto: el problema. Cuando identifiques el problema que tiene tu héroe podrás trabajar generando opciones. Porque todo problema tiene distintas formas de solución aplicando creatividad. Para ello, debes personificar ese problema, como si se tratara de un villano con el cual ambos deben luchar, tú y tu héroe. En este caso, el villano es la pérdida de control del Mediterráneo y el posicionamiento de los rusos y países árabes en el área.

6.2- ASPECTOS DEL PROBLEMA LLAMADO VILLANO

A continuación, enumero las características centrales que debes considerar sobre el problema, al que metafóricamente llamamos «villano».

1- El villano debe ser un problema que se pueda arrancar de raíz. En la historia, era esa la posibilidad latente de perder el control sobre ese puerto tan importante del Mediterráneo. Al aceptar el aumento del pago exigido por Malta, no habría posibilidad de que los rusos se hicieran un lugar en aquel territorio, y se destruiría de pleno la posibilidad del villano. El problema es la situación que causa dolor en el héroe.
2- Tiene que ser algo sobre lo que se pueda hablar durante la negociación. El villano se sacará a colación y debe ser algo de lo que la contraparte quiera librarse rápidamente porque le ocasiona dolor no resolverlo; que era descartar la presencia de sus adversarios en Malta, razón por la cual hubo reacción de la OTAN.
3- Debe ser solo uno y reconocible, sobre el que debes focalizarte. Si comienzas a señalar a varios villanos, será más complicado ponerse de acuerdo con la contraparte para eliminarlos. En este caso, Malta decidió poner como prioridad que se atacase directamente la eventual presencia de rusos y árabes en el Mediterráneo, como posibilidad latente de perder poder en la región, este ataque fue realizado

directamente a Gran Bretaña y a la OTAN, quienes se vieron amenazados.

4- El villano debe ser real. En este caso, no era una situación más para discutir, sino que se trataba de una posibilidad real que ya había sido identificada completamente por el héroe de la historia.

6.3- ¿POR QUÉ DEBEMOS TRABAJAR JUNTOS EN LA SOLUCIÓN?

Los buenos negociadores saben que para resolver el problema se requiere la participación de ambas partes. Del mismo modo, como guía en la negociación, tú debes encontrar maneras de involucrar a tu héroe activamente en el proceso de comunicación que estás buscando facilitar. La forma más efectiva de estudiar el problema es que ambos puedan trabajar en el proceso y en la búsqueda de la solución.

Tres razones justifican esta afirmación:

Primero, como parte interesada, tú tienes algo que tu héroe quiere. Esta valiosa interacción genera sinergia para ambos y debe ser aprovechada para avanzar en los intereses de las partes. Una de tus tareas como guía es movilizar y explotar ese conocimiento para el bien común y ayudar a difundirlo dentro de la negociación.

Segundo, como todo buen guía sabes que los héroes conciben mejor esas ideas que ellos mismos han descubierto. La negociación es un proceso de descubrimiento en el que las partes deben estar activas.

Tercero, el propósito de la negociación en cualquier interacción no es de negociar por negociar, sino que se lleva a cabo para resolver problemas y mejorar el desempeño de ambas partes. Existen más posibilidades de que las personas que estás queriendo persuadir contraten tus productos o servicios si ellos mismos han estado involucrados activamente en decidir a favor de tu propuesta. No permitas que sean receptores pasivos de información. Por el contrario: realiza preguntas, busca sus opiniones y escucha más de lo que hablas, para que el otro pueda participar.

Lo que esto significa es que una de tus herramientas básicas como negociador es escuchar y preguntar sin tratar de monopolizar la palabra. Erróneamente, para muchas personas, negociar es solo decir lo que necesitan en lugar de hacer preguntas y escuchar. Ellos suponen que los negociadores tienen las respuestas a todos los problemas, y adivinan las necesidades del héroe. Son «ellos y solo ellos» con su gran ego y sabiduría. Totalmente cuestionable, porque la prueba final de una buena negociación es saber escuchar para lograr que el otro piense que tus ideas son sus ideas.

6.4- ¿CÓMO ENTENDER EL PROBLEMA DE TU HÉROE?

Preguntar, preguntar y preguntar. Nunca asumas, como ejemplo puedes analizar lo que les pasó a los británicos en 1971.

«Si los demás nos dicen algo, hacemos suposiciones, y si no nos dicen nada, también las hacemos para satisfacer nuestra necesidad de saber y reemplazar la necesidad de comunicarnos. Incluso si oímos algo y no entendemos, hacemos suposiciones sobre lo que significa, y después creemos en ellas. Hacemos todo tipo de suposiciones porque no tenemos el valor de preguntar».

— Miguel Ruiz (*Los Cuatro Acuerdos*. Un libro de la sabiduría Tolteca)

Debemos encontrar coraje para preguntar, es la única forma de no equivocarnos con el problema. Como Francesca Gino (2018), una de las 50 pensadoras más influyentes del management explica que, «si te preocupa que al hacer una pregunta puedas parecer incompetente, te equivocas: la gente piensa que somos más inteligentes cuando hacemos preguntas que cuando no lo hacemos». Gary B. Cohen muestra un entusiasmo similar por el poder de las preguntas, creyendo que debes medir a los grandes líderes por sus preguntas no por sus órdenes. Señala que todos los líderes deben seguir dos caminos: «Cuando tengas dudas, pregunta» y «Cuando no tengas dudas, pregunta». La importancia de preguntar en vez de exponer ideas es que la consulta al otro ayuda a elevar tu conversación, desbloquea nuevas oportunidades y te lleva directamente al problema.

La táctica para desarrollar preguntas adecuadas consiste en no formular interrogantes que puedan ser respondidos con un simple «sí» o «no». Este tipo de interrogantes, si bien pueden ser usados, no serán los que te permitan obtener información profunda y sustancial. Para ello, debes utilizar un esquema de preguntas que contengan disparadores tales como:

a) ¿Quién?
b) ¿Qué?
c) ¿Dónde?
d) ¿Cuándo?
e) ¿Cómo?

Si formulas este tipo de preguntas demostrando empatía, analizando el problema con una perspectiva de resolverlo para un beneficio mutuo, y cuidando tu postura corporal y entonación verbal, entonces recibirás información sobre tu contraparte. Esta información tendrá dos dimensiones o componentes:

a) Dimensión objetiva, por ejemplo: datos, personas, momentos, montos, etc.
b) Dimensión subjetiva, por ejemplos: temores, dudas, inquietudes, valores del protagonista.

Es fundamental evitar utilizar la pregunta directa, «¿por qué?», debido a que genera una situación defensiva en el héroe. Con esto quiero decirte que debes buscar las razones de sus necesidades, pero sin preguntar directamente.

Realizar buenas preguntas no se aprende de la noche a la mañana. Necesitarás mucha disciplina, además de formar un hábito en la práctica. Pero el estudio de este tema generará grandes beneficios en tus negociaciones. Una sola pregunta puede persuadir de forma tal que la contraparte quiera cerrar el trato en tus términos. Nunca minimices el poder de las preguntas y el silencio para escuchar una respuesta en forma empática.

Hay momentos en que pretendemos mostrar saber algo que no sabemos y, con la intención de impresionar a nuestra contraparte, creemos que lucimos más inteligentes y conocedores si no preguntamos o no pedimos ayuda. Pero mostrarnos como autosuficientes y muy sabios no es la mejor opción. En la historia que estamos analizando, sin duda, Gran Bretaña pensaba que lo mejor era simplemente establecerse en otro lugar, dejar sus bases en Malta y seguir siendo una potencia sin mayor problema. No pidió ayuda a nadie, no preguntó su opinión a Malta, ni a la OTAN, aunque al final, tuvo que recibir instrucciones directas de Estados Unidos, para que no se levantara de la mesa y llegara a un acuerdo, debido a que no podían permitir que hubiera un avance por parte de los rusos y los árabes en la zona del Mediterráneo. Esta anécdota me recuerda la frase de Peter Drucker, «El líder del pasado era una persona que sabía decir. El líder del futuro será una persona que sepa preguntar».

En su libro *Help: The original Human Dilemma*, Garret Keizer dice que la mayoría de las personas trata de evitar la búsqueda de ayuda porque creen que hacerlo es mostrar una debilidad. Y esto se amplifica en los negocios, porque nadie quiere mostrarse débil, debido al «miedo de que lo usen en su contra». Por eso, debemos ser claros en lo que preguntamos para comprender y verificar. Además, debemos prepararnos y elaborar preguntas útiles para obtener información valedera.

6.5- PROMESA PERFECTA

Al prepararte para la negociación define siempre tus objetivos. Esto evitará que te confundas y, además, te permitirá modificarlos sobre la marcha, a medida que obtienes nueva información, fruto de tus indagaciones, porque los objetivos e intereses muchas veces cambian al negociar. Haciendo preguntas directas vas a identificar el problema y los intereses reales del protagonista. Compartir información es esencial para la creación de opciones y la generación de sinergia entre ambos lados. Pero si tu héroe no coopera dando datos a cambio, o adultera sus intereses, debes realizar preguntas de control para no estar en desventaja. Estas son interrogaciones cuyas respuestas ya sabes y puedes controlar si te está mintiendo. Conjuntamente, es muy bueno hacer preguntas repetitivas porque, de esta forma, encontramos si el otro es deshonesto, al darte diferentes respuestas a las mismas preguntas.

Debe existir un equilibrio en el intercambio y la retención de información, debido a que al ser humano le es fácil expresar sus necesidades, pero oculta sus problemas por miedo a que sean usados en su contra. Además, en esta interacción, Neale & Lys (2015) puntualizan que los negociadores usan promesas y amenazas para obtener lo que quieren. Ambas tácticas incurren en costos-beneficios que debemos asumir. Las personas pueden implementar amenazas para castigar el comportamiento que consideran injusto.

Ahora, cuando descubrimos lo que busca el héroe y se determinó al villano, ambos saben quién o qué es; entienden por qué lo enfrentan y el héroe sabe que puede contar contigo como guía. Entonces, llega la instancia de ofrecer ayuda. ¿Y cómo vamos a hacerlo? Pues a través de una promesa. Y, para que tu promesa sea perfecta, tienes que ir al punto. Podrás plantear lo que necesitas a cambio de tu colaboración.

La promesa de Dom Mintoff fue sólida, consistía en que, si Gran Bretaña firmaba el nuevo acuerdo, los ingleses seguirían teniendo el control absoluto.

A través de la **Empática Historia Persuasiva** © conocerás el problema del héroe, descubrirás lo que está mal y cómo ayudarás a crear la estructura para encontrar las soluciones. Si consigues todo esto, será como hablarle de caramelos a un niño. Van a querer saber qué pueden hacer para tenerte. Mintoff lo consiguió, y obtuvo lo que buscaba, poder demostrarle a la OTAN que ellos necesitaban más recursos para darles mejores condiciones de vida a los habitantes de Malta.

6.6- CINCO TÁCTICAS PARA EL PROCESO DE COLABORACIÓN

Hay diferentes tácticas a utilizar una vez que hayas identificado al villano para trabajar en función del ganar-ganar. Dichas tácticas pueden ser muy valiosas a la hora de obtener la confianza de la contraparte, crear una relación a largo plazo y lograr objetivos específicos.

1- Entender el porqué.

Muchos abandonan el trato ante la primera demanda. De vez en cuando, nuestra mala actitud y errónea reacción nos hace fallar. Gran Bretaña interpretó como una ofensa el hecho de que Malta le exigiera el doble de pago actual, sin poder ver ni analizar los verdaderos motivos por los cuales la isla le formulaba esa petición. Eso fue un error, ya que siempre resulta más ventajoso conocer las motivaciones de cada parte para comprender el porqué de su forma de actuar. Ello implica ponerse en sus zapatos, ahorrando tiempo y discusiones que no sabemos si serán o no fructíferas. El Primer Ministro de Malta necesitaba este aumento porque los puertos son sus principales fuentes de ingreso.

2- Establecer factores en común.

Es el entendimiento que fomentas con tu héroe. Esto seguramente te ayudará a resolver problemas que se vayan presentando, como también a identificarte con ellos. Entre Malta y Gran Bretaña existían lazos de unión y cooperación por su pasado histórico, que les permitieron unirse para llegar al acuerdo esperado, esa cooperación mutua fue lo que hizo que los acercamientos se dieran de manera natural, y que los problemas o discusiones por discrepancias se pudieran solucionar en beneficio de ambas naciones.

3- Comparar manzanas con manzanas.

Lo que se ofrece debe ser más o menos proporcional a lo que se está pidiendo. En principio, a Gran Bretaña le parecía desproporcionado pasar de 7 millones de libras a 14.5 millones por seguir haciendo lo mismo que ya hacían. Pero la OTAN le hizo entender a los ingleses la gran importancia geopolítica y geoestratégica de Malta, y cómo podía sacar provecho de esa ubicación. Por ende, los británicos se dieron cuenta de que lo que pedía el Primer Ministro, era justo y proporcionado.

4- No permitir que el pasado afecte.

Puede ser que hayas negociado antes con tu contraparte, en cuyo caso lo ideal sería —sin irrespetar lo que haya sucedido— no encasillarse en lo que dictó ese acuerdo. Por tanto, siempre debes proponer formas originales de crear una nueva historia para evolucionar.

Con anterioridad, Gran Bretaña y Malta habían establecido un acuerdo que estaba a punto de terminar, pero lo que se iba a negociar era un nuevo convenio, con otras condiciones y cláusulas específicas. Fue inteligente de parte del Primer Ministro dejar de lado ese acuerdo, ya que sus intereses habían cambiado, buscaba otros y mejores beneficios.

5- Si ellos obtienen uno, nosotros obtenemos uno.

Es peligroso dar concesiones sin pedir nada a cambio. La contraparte siempre va a querer más, por lo que hay que ser equitativo en el intercambio. De esta forma habrá más claridad y, seguramente, mejores acuerdos en un ambiente de cooperación. El intercambio de la permanencia de las bases por el dinero fue bastante equitativo, ya que todas las naciones salieron ganando.

Para apoyarte en tu aprendizaje y para que puedas entender mejor la aplicación de los conceptos emitidos en este capítulo, te invito a revisar los documentos y videos que podrás encontrar en la siguiente página web:

www.nuncatemasnegociar.com

7

LA PROPUESTA

Principio N.º 3 - ¿Cómo solucionar el dolor del héroe?

Los sabios hablan porque tienen algo que decir,

los tontos hablan porque tienen que decir algo.

Platón

Imagínate que está en tus manos la continuidad del empleo de miles de trabajadores de una gran empresa automotriz. También lo está la calidad de vida de las familias que dependen de ellos. A eso súmale otros miles de personas más que también dependen, de manera indirecta, del funcionamiento de esa empresa. Si todos pierden sus trabajos, el desastre será total.

¿Puedes imaginar que, además, la negociación para evitar todo este impacto negativo debe ser confidencial y no puedes compartir con nadie la presión que esto conlleva?

Transcurría el año 1994 y tenía mi primer empleo. Estaba trabajando para Jesús Peón, el CEO de Renault Argentina, cuya planta fabril está ubicada en Córdoba, mi ciudad natal. Los directivos de la casa matriz, en Francia, comenzaron a presionar para cerrar esta sucursal y trasladarla a «otro país más estable», debido a que el gobierno de la provincia se encontraba en una pésima situación fiscal y estaba desesperado por obtener dinero de cualquier parte.

Jesús Peón debía negociar con el gobernador de la provincia, el Dr. Eduardo César Angeloz, para evitar el cierre de la planta. Y me invitó a participar en este desafío. Acepté de inmediato. Por fin, mi sueño de ser parte de este tipo de discusiones se estaba cumpliendo. Para todos quienes estábamos involucrados en la negociación, la estricta confidencialidad fue un requerimiento clave.

Mi trabajo sería específico: utilizando un Lotus 123 (lo que hoy llamamos planilla de Excel) tendría que elaborar todas las posibles proyecciones sobre un eventual cierre de la planta de Renault, en Córdoba. Entonces, decidimos que debíamos contar la historia en términos de las vidas que se verían afectadas; centrarnos en el daño que se produciría a los empleados y sus familias. La idea era demostrarle al gobernador que el problema concreto era que miles de personas se quedarían sin empleo. Pero también debíamos explicar los factores que el gobierno de la provincia tendría en su contra, ya que, si se determinaba el aumento de impuestos, la planta tendría que cerrar y trasladarse. En este caso, la Provincia se vería imposibilitada de recaudar el dinero que tanto necesitaba la gobernación en ese momento.

Del planteamiento y desarrollo de esa propuesta de negociación aprendí que un negociador, cuando se enfrenta al problema, también debe penetrar en la mente de su contraparte y empatizar con sus necesidades.

El gobernador necesitaba que las personas mantuvieran sus empleos. En caso contrario, surgirían problemas sociales y aumento de costos en seguridad. Entonces se verían afectados los ingresos de la ciudad, debido a la disminución en la recaudación de impuestos. Además, el futuro político del mandatario se dañaría sin remedio.

La propuesta de negociación me impactó bastante: el CEO de la Renault demostró, de una forma clara, los beneficios que la fábrica aportaba a la ciudad de Córdoba, y enmarcó la propuesta centrándose en cuál debería ser la estrategia de esta gran empresa automotriz para contribuir al desarrollo de Córdoba y al bienestar de sus habitantes.

Focalízate en la creación de valor no importa que tan complicado sea el conflicto. Porque, cuando la disputa se pone violenta, la gente se centra en pelear y no en crear valor.

Jesús se preocupó de anular la posible presión de los medios de comunicación usando la táctica de la confidencialidad, para así negociar en paz, sin intervenciones ajenas al proceso. Luego, demostró con humildad los beneficios que la fábrica aportaba a la sociedad cordobesa, consolidando de esta forma su autoridad frente al héroe. El gobernador lo respetó porque comprendió el marco de sus ideas, y que la Renault era parte de la solución y no el villano, que era el «problema financiero» de la provincia.

Jesús Peón trabajó a la par con el gobierno para lograr una solución que beneficiara a ambas partes. Mantuvo la calma y operó con empatía, dando una excelente propuesta de enmarcar el análisis del problema, de forma tal que exitosamente el gobierno de la ciudad lo comprendió, y cooperó para que la Renault siguiera en Córdoba. Incluso tenía una posible alternativa, que consistía en mudar la planta a Brasil, en caso de que la propuesta fallara.

La negociación fue todo un éxito y, gracias a Jesús, miles de personas mantuvieron sus empleos y, por ende, su calidad de vida. Jesús Peón me enseñó que una buena propuesta se negocia con autoridad, empatía y enmarcando el problema real y sin ostentar poder o amenazar.

No reacciones a las propuestas emocionales del otro, actúa directamente según tus intereses.

Si llegaste al momento de la propuesta, significa entonces que ya entendiste los problemas de tu héroe y podrás ser parte de las soluciones. Escucha con empatía y actúa desde lo que él percibe como sus puntos de dolor o deseos.

A partir de ese momento, estarán hablando el mismo lenguaje, tan necesario para llevar a cabo una negociación exitosa.

7.1- CARACTERÍSTICAS DE LA PROPUESTA

En toda propuesta habrá siempre tres elementos: el marco, la empatía y la autoridad. Con estos elementos ganarás al reptil que vive en la cabeza de tu héroe y, con ello, pasarás a la etapa de pedir lo que necesitas, donde podrás ofrecer detalles para solucionar el problema de tu héroe. Resultará clave en esta etapa saber cómo presentar la propuesta. Por más que esta sea extraordinaria para ambos, si no se presenta bien, fallarás. De esta forma, tu propuesta debe tener los siguientes tres elementos: marco, empatía estratégica y autoridad.

MARCO

El marco se refiere a cómo introducir el problema y bajo qué perspectivas. A través del marco posicionas y estableces líneas estratégicas; les das un encuadre e introduces el problema que tiene el protagonista. Entonces, asocias ese problema con algo. El guía, que eres tú, debe determinar qué es «ese algo» y luego comunicarlo al héroe. Porque todo buen negociador sabe que el encuadre es una herramienta importante para llegar a un acuerdo. El encuadre es el uso de la analogía, la metáfora o la caracterización para definir un problema o describir una situación.

Déjame darte un ejemplo de ello con la explicación que brinda el experto negociador Jeswald W. Salacuse sobre cómo George H. W. Bush enmarcó su negociación con los líderes, en el momento de la Guerra del Golfo de 1991. Su encuadre no fue «¿cómo expulsar a Saddam Hussein del poder?», sino «¿qué acciones tomar para proteger la seguridad del mundo y el principio de soberanía territorial, y cuál es la base del sistema internacional?» Gran diferencia, ¿no crees?

El profesor Salacuse explica en detalles que el modo en que utilicemos el marco va a influir en el pensamiento de tu héroe, de manera fructífera o infructífera. De allí la estrategia de usar este marco a tu favor y posicionar la negociación para discutir a dónde quieres llevarlo. *Pensar luego actuar*. El experto afirma que «los marcos que funcionan mejor son los que tienen en cuenta las necesidades y los problemas de aquellos a quienes buscas influir».

Si necesitas transmitir información importante, comunícala, y luego intenta conectar en la mente del otro

para que recuerde lo que dijiste. Es al final de la interacción cuando la persona se va a llevar una buena impresión.

Y esto depende de tu preparación, establecer buenos objetivos, planear buenas preguntas y ver perspectivas de nuevas oportunidades para ambos el héroe y el guía. Piensa en Jesús Peón, quien enmarcó la negociación de forma estratégica «¿Cuál debería ser la estrategia de la Renault para apoyar el desarrollo de la provincia de Córdoba y el bienestar de su gente?» En lugar de «¿Deberíamos ser una corporación que paga menos impuestos y mejores utilidades a los accionistas?».

EMPATÍA ESTRATÉGICA

La empatía estratégica te permitirá ver la perspectiva de la otra parte y comprenderla, para anticipar sus movimientos. Cuanto más te involucres en un diálogo productivo con empatía, mayor será la posibilidad de encontrar acuerdos, nuevas ideas, sinergia para resolver juntos el problema. De no ser de esta forma, debemos identificar si el héroe parece actuar de manera maliciosa o irracional. Descubriendo los posibles motivos detrás de las acciones del protagonista, multiplicas tus opciones para responder.

Para Daniel Goleman, «la empatía es muy necesaria para que te escuchen y comprendan». Se trata básicamente de generar confianza a través de tus palabras para conectar con el otro, ponerse en sus zapatos para saber qué piensa y qué siente. Se trata de ver a través de sus ojos, y de pensar siguiendo sus líneas de pensamientos. Ganas ese derecho porque estamos activando la naturaleza humana de la «reciprocidad». Además, has trabajado con ellos, has conectado y has entendido lo que quieren hacer y cómo quieren solucionarlo, contando con tu apoyo. Apuntar a la empatía con el dilema del cliente generará la confianza necesaria para llegar al compromiso, pero considerando siempre tener beneficios mutuos.

Hay diversas formas de expresar empatía. Todo dependerá de la forma cómo entiendes al otro, cómo te diriges a él. Puedes expresar, por ejemplo: «al igual que tú, me siento frustrado», «nadie tuvo que pasar por eso» o el emblemático: «he sentido exactamente lo mismo que tú», o «hace un tiempo estuve en tu posición». Estas ideas de cercanía ayudan a tu contraparte a entrar en sintonía contigo. Puedes sacar ventaja de situaciones adversas, eso es actuar inteligentemente para lograr el resultado deseado.

Si te preocupas por otra persona, esa persona se va a preocupar por ti. Siempre es necesario trabajar genuinamente para tener/dejar buena impresión.

Muy diferente a la empatía es la simpatía. Mientras que tú puedes sentir simpatía por algo, en tu héroe puede generar rechazo.

La simpatía está dirigida más por la subjetividad. No es lo mismo decir: «lo lamento mucho, no es justo que te haya pasado» a: «lo siento de verdad, no sé por qué te ha sucedido eso, pero quiero que sepas que lo entiendo y quiero ayudar». La segunda forma se enmarca en la **Empática Historia Persuasiva** ©.

Un excelente ejemplo del uso de la empatía que nos ahorró dinero y salvó vidas humanas fue el que dio el presidente John F. Kennedy en 1962, cuando aplicó la empatía para resolver un conflicto sobre la construcción soviética de misiles nucleares en Cuba que, según explica el profesor de Harvard Deepak Malhotra (2016) en su libro *Negociando lo Imposible*, si Kennedy hubiera asumido que los soviéticos estaban actuando por maldad, podría haber realizado un ataque aéreo. En cambio, el presidente entendió la perspectiva soviética, los rusos necesitaban nivelar las ventajas nucleares y de lanzamiento de misiles de Estados Unidos. Con este acuerdo, Rusia retiró los misiles de Cuba y EE. UU hizo lo propio en Turquía e Italia.

El CEO de la Renault comprendió con empatía el verdadero problema que tenía el gobernador de Córdoba y construyó su propuesta. Logró conectar de manera profunda y comprender que Angeloz no actuaba de forma maliciosa, sino por necesidad de las finanzas del gobierno.

Por ello te recomiendo que realices preguntas sencillas, ya que el objetivo es que haya una buena disposición de tu héroe para que, de esta forma, se pueda avanzar luego en los detalles que necesitas de él.

Debemos enviar siempre un mensaje positivo, y no reaccionar a los mensajes emocionales que buscan afectarnos.

Una de las mejores formas para generar empatía es a través de las preguntas: «¿No había oído mucho del tema, podrías explicarme?» «¿Crees que podamos hablar un poco más sobre este asunto?» «¿Podrías contarme un poco más sobre eso?» Son preguntas que permiten que tu héroe se abra contigo y pueda generarse una conexión, que es tan necesaria.

AUTORIDAD

Se trata de lo que la experiencia te otorga por haber solucionado situaciones similares, además de los conocimientos sólidos acerca de las negociaciones. ¿Cómo podemos dar una positiva primera impresión y mostrar autoridad? Es lo que necesitamos para lograr acuerdos donde ambos seamos respetados.

La profesora Amy Cuddy, de la Universidad de Harvard, sostiene que hay dos preguntas que las personas hacen inconscientemente cuando conocen a alguien «¿Puedo confiar en esta persona?» y, «¿puedo llegar a respetar a esta persona?» Ella sostiene que primero debemos lograr la confianza, y solo después de lograr esto podremos conocernos más. Cuando expresamos empatía, ayudamos al otro a responder la primera pregunta: «¿Puedo confiar en esta persona?» Demostrar competencia, es decir, autoridad en el tema que estamos tratando, es importante para que el héroe pueda responder la segunda pregunta: «¿Puedo respetar a esta persona?» Una vez que expresamos empatía y demostramos autoridad, podemos posicionar nuestra promesa como la guía que nuestro héroe ha estado buscando. Esto significará una diferencia en la forma en que nos comprenden y cómo interactúan con nuestra propuesta.

Dicho esto, aunque nuestro héroe nos quiere y confía en nosotros, no significa que va a cerrar el acuerdo. Todavía hay un abismo enorme entre el afecto del protagonista y su decisión de invertir el dinero que tanto le costó ganar en lo que ofrecemos, cerrando el acuerdo. ¿Qué buscan después? Hablaremos de eso en el próximo capítulo. Sin embargo, por ahora, realiza una lluvia de ideas sobre cómo puedes posicionarte como guía en la vida de tu cliente, expresando empatía y demostrando autoridad. Piensa en la contraparte más difícil que tengas o hayas tenido. A continuación, responde las siguientes preguntas:

1- ¿Puedes hacer el esfuerzo de ponerte en su lugar, cuando él te plantea algo, como un pedido o una necesidad? Pero hazlo con plena sinceridad. Una vez que te has puesto en su lugar, tratando de comprender por qué actuó como actuó o pidió lo que pidió, pregúntate:

2- ¿Podría haber ofrecido una forma distinta de resolver su problema de la que le ofrecí?

La autoridad consiste en demostrar tus competencias sin dejar que el ego actúe por ti, tal como lo hizo Jesús Peón al presentarse ante el equipo del gobernador. Debes tener una preparación previa antes de dirigirte a tu héroe, debe haber correspondencia entre tus gestos y palabras, tener conciencia de que analizarán tu aspecto físico y mental al mismo tiempo. Vemos cómo se incorpora uno de los nuevos elementos de la negociación, que mencioné en el primer capítulo.

Vale destacar la frase de Margaret Thatcher:[18] «Si tienes que demostrar poder, es porque no lo tienes» para saber cuándo es el momento para no mostrar tu autoridad y evitar pecar de pedante.

Ignora el ultimátum y redirecciona tu atención en lograr formas de creación de valor.

Jesús no solo era un experto en su industria, sino que supo presentar este conocimiento de manera sencilla y contundente. Y el gobierno lo reconoció como guía para la solución a su problemática. En este caso es importante mostrar el resultado, no basta con alguien que sepa lo mismo que tú, como el caso de los consultores, sino de un

[18] Margaret Thatcher, (1925-2013). Su firmeza para dirigir los asuntos de Estado, su estricto dominio sobre los ministros de su gabinete y su fuerte política monetarista le valieron el sobrenombre de la Dama de Hierro.

guía capaz de llevarte a la solución sin tantos rodeos, una persona cuya autoridad se refleje a través de testimonios, estadísticas, reconocimientos y trayectoria. Jesús logró demostrarles, al gobernador y a su equipo, cómo resolver sus problemas mediante su propuesta. Él fue el guía que necesitaban, sustentado en datos concretos.

7.2- CÓMO PRESENTAR LA PROPUESTA

Viktor Frankl, uno de mis héroes, quien sobrevivió los horrores de los campos de concentración nazis, desarrolló una filosofía basada en el criterio fundamental de que tenemos la responsabilidad final de elegir nuestras respuestas a cualquier desafío dado. «En última instancia, el hombre no debe preguntar cuál es el significado de su vida, sino que debe reconocer que es a él a quien se le pregunta. En una palabra, cada hombre es cuestionado por la vida; y solo puede responder a la vida respondiendo por su propia vida; a la vida solo se puede responder siendo responsable».

Esta es una increíble actitud para responder esas preguntas que recibiremos después de presentar nuestra propuesta. Eres tú el responsable y debes estudiar tu reacción a cada estímulo o pregunta que formula tu héroe.

Viktor Frankl nos enseña que: «Entre el estímulo y la respuesta hay un espacio. En ese espacio está nuestro poder para elegir nuestra respuesta. En nuestra respuesta yace nuestro crecimiento y nuestra libertad». De allí que, al presentar nuestra propuesta, vemos que el problema es cómo reaccionamos y perdemos control de nuestra actuación o de lo que decimos.

Michael Jordan atribuye a George Mumford la transformación de su liderazgo en la cancha de los Bulls, que lo ayudó a llevar al equipo a seis campeonatos de la NBA. Y tú puedes preguntarte quién es George Mumford. ¡Excelente pregunta! Déjame que te lo presente: George es un maestro de la meditación de renombre mundial y autor de *The Mindful Athlete*. Ha trabajado con algunos de los mejores atletas profesionales del mundo, incluidos Phil Jackson, Michael Jordan y Kobe Bryant, durante sus carreras deportivas. Mumford utiliza una metáfora que le gusta usar cuando habla del espacio entre estímulo y respuesta: «Piensa en el ojo de un huracán, o en la calma que aún se centra en medio de un ciclón. No importa cuán intensa sea la tormenta o lo que haya sido arrastrado por sus vientos huracanados, ese tranquilo centro azul siempre está ahí. Todos tenemos ese centro tranquilo dentro de nosotros. La atención plena nos reconecta a este espacio central, donde experimentamos el momento presente y tenemos acceso a la sabiduría».

Si podemos tranquilizarnos y operar desde el centro del huracán, podemos responder a los desafíos de la propuesta con mucha más precisión y adquirir poder.

Como actuemos durante y después de la presentación de la propuesta no solo es producto de nuestra estrategia en el marco utilizado, también de la empatía aplicada y la muestra de autoridad, pero ¡cuidado!: no podemos frustrarnos, perder el control, o actuar como niños caprichosos. Esto es la clave de nuestro éxito como negociadores.

Por lo general, las personas negociamos por dinero, por productos, por servicios o por adquirir activos que satisfagan nuestras necesidades. Básicamente, es un intercambio de necesidades por soluciones. Pero no solo se trata del qué propones sino del cómo planteas la solución y, por ende, la actitud mostrada para llegar al acuerdo. Estos activos en discusión traen emociones y a veces no actuamos de la mejor forma. Recuerda manejar ese espacio entre el estímulo y tu respuesta. En eso sí, tú eres responsable; tu actitud vale todo.

Piensa en el ejemplo del CEO de la Renault en Argentina. Podría haber enfrentado la situación reclamando al gobierno que, por culpa de sus decisiones impositivas, miles de personas quedarían sin empleo. Pero no lo hizo así. Él supo interpretar lo que ocurría en la cabeza de su héroe, y entender cómo posicionarse como la solución que necesitaban, generando una situación de ganar-ganar.

Será más fácil alcanzar tus objetivos si logras conocer lo que la otra parte piensa. Con ello tendrás herramientas para demostrar tu solución al problema. Es importante que a través de tu propuesta te vuelvas indispensable para tu héroe, ya que, si percibe que puede resolver su problema por él mismo, entonces te desechará.

Nunca dejes posicionar a tu ego en esta parte de la negociación, porque te traerá graves consecuencias. Es fundamental ese elemento, el cual necesitas para explicar y comunicar tu propuesta. Si una persona quiere comprar un automóvil y tiene el dinero para hacerlo, requerirá de un guía que lo oriente y le presente las opciones acordes a sus necesidades y presupuesto. En todo caso, este guía será la figura de autoridad, es quien tiene el conocimiento, las herramientas y, sobre todo, las soluciones a sus necesidades. El ser humano es así por naturaleza: siempre requiere de una persona que lo oriente, lo acompañe, pero sin que le imponga nada.

Con respecto al ego, desde la Universidad de Yale explican extraordinariamente esta lógica donde debes dejar a un lado tu ego en procura de un medio donde todos ganen. «Si en algún momento de una negociación gira todo en torno a ti, cuestiónate porque estás asumiendo el papel del héroe que no te corresponde. Tu papel es el de guía». Lo ideal es hacer sentir a la contraparte segura, pero no con exceso de confianza.

Jesús conocía muy bien la industria automotriz y las consecuencias de hacer que la planta se fuera de Córdoba. Fundamentó su autoridad con números presentados de manera sencilla, pero con una historia que conectó con su contraparte. Por eso, él habló de personas, no de impuestos.

Para apoyarte en tu aprendizaje y para que puedas entender mejor la aplicación de los conceptos emitidos en este capítulo, te

invito a revisar los documentos y videos que podrás encontrar en la siguiente página web:

www.nuncatemasnegociar.com

8

PEDIR

Principio N.º 4 – El que pide, recibe.

Ningún hombre es tan tonto como para desear la guerra y no la paz,

pues en la paz los hijos llevan a sus padres a la tumba,

en la guerra son los padres quienes llevan a los hijos a la tumba.

Heródoto[19]

¿Qué pasaría si pudieras obtener una mejor respuesta a tu problema cambiando la pregunta? Hal Gregersen (2018), profesor en liderazgo, del MIT[20], explica por qué las preguntas son esenciales para el

---

[19] Heródoto de Halicarnaso, historiador y geógrafo griego, se le considera el padre de la Historia. Cuestiona por primera vez en el mundo antiguo las causas de las acciones humanas del pasado.

[20] MIT: Massachusetts Institute of Technology.

progreso humano y dice que, si deseas respuestas más útiles, intenta hacer preguntas más útiles. Hacer preguntas no es un ejercicio pasivo.

En idioma inglés pedir y preguntar son la misma palabra: «*ask*». Sin embargo, el idioma español diferencia dos significados. Porque si pregunto algo, espero una explicación con palabras. Y si pido algo, espero una acción. Entonces:

- pedir = solicitar a otra persona que realice una acción.
- preguntar = solicitar a otra persona que te comunique información.

Por ejemplo, pedimos un favor, pedimos ayuda, dinero o permiso para hacer algo. Preguntar significa formular una interrogante para saber algo, porque necesitamos una información. Mi propósito, en este libro, es que comprendas que al pedir estamos solicitando o preguntando algo que necesitamos del protagonista, ya sea una acción o información. Y descubriremos que una forma operativa de pedir es preguntar, usar una mirada, hacer silencio, repetir las últimas palabras de la otra persona en forma de interrogatorio, etc.

Como consultor y coach de negociación, he aprendido que uno de los problemas con mis clientes es que les cuesta solicitar esa acción o preguntar por esa información, es decir, hacer esa pregunta difícil. Y es allí donde el profesor Gregersen es contundente al señalar que el sistema educativo moderno está configurado para transmitir información, no está configurado para cuestionar la información. Cuando los jóvenes ingresan a la fuerza laboral, todo se estandariza aún más, las preguntas no son bienvenidas. En la sociedad, hacer preguntas a menudo gira en torno a la exhibición de poder más que a la búsqueda de un pensamiento innovador. Debes cambiar esto.

Empecemos por ver la pregunta que usamos. Para ello, Peter Drucker nos ayuda cuando explica que el trabajo importante no es encontrar la respuesta correcta, sino es encontrar la pregunta correcta. Esa pregunta bien formulada y correcta genera el código del cambio buscado al solicitar esa acción o información. Y la otra fase es nuestra mente al momento de pedir: ¿creemos o no en lo que pedimos? Al pedir, ¿damos una contribución significativa a la vida de mi héroe mejorando nuestra relación?, ¿o es solo un acto de egoísmo propio para obtener ventaja y sacar lo que quiero? Piensa sobre esto: ¿cuál es la pregunta correcta?, debido a que estás ayudando al otro, y mentalmente, estás cómodo contigo mismo. El buen negociador encuentra la oportunidad de pedir con su conciencia en su lugar correcto y lenguaje corporal adecuado. Porque podemos pedir con una mirada, gesto, silencio o pregunta, lo importante es conectar con el héroe de forma simple para obtener esa acción o información que requerimos para avanzar.

8.1- LA PREGUNTA QUE GENERÓ 800 % DE GANANCIA

En 1869, con 22 años, Thomas Edison decidió mudarse a Nueva York, ciudad desde donde desarrolló uno de sus más famosos inventos, llamado «Universal Stock Printer», el cual permitía la sincronización de varias transacciones de tiques.

La información sobre la fabricación de este invento llegó a los oídos de los directivos de la *Gold and Stock Telegraph Company,* quienes decidieron ir por la exclusividad, en cuanto a la producción de dicho artefacto. Al conocer personalmente sobre la gran creación de Edison, quedaron realmente muy impresionados, por lo que solo se trazaron un objetivo: cerrar el acuerdo de exclusividad.

Para Edison era una oportunidad que no podía dejar pasar, lo más importante en ese momento era calcular cuánto dinero era justo que la compañía pagase por su invento, a lo que decidió que unos cinco mil dólares bastaban, ya que con esa cantidad iba a poder abrir su propio taller. Sin embargo, no estaba muy seguro de que realmente su invención valiera esa cantidad, y tampoco sabía si a los dueños de la empresa les parecería un monto alto o bajo.

Debemos buscar siempre un compromiso que nos ayude a obtener lo que queremos. Siempre mide tu tiempo, dinero y energía como un presupuesto para la negociación.

Al momento de reunirse con los dueños de la empresa, antes de solicitar una suma de dinero determinada, decidió pasar la iniciativa a sus héroes, y lo hizo de una forma muy simple y exitosa: «¿Cuánto me pagarían ustedes por los derechos de exclusividad?»

preguntó. Para su sorpresa, recibió como respuesta: «Le pagaremos cuarenta mil dólares por su invención, realmente nos ha impresionado». En su interior, Edison sabía que la oferta era ocho veces más de lo que esperaba. Si se hubiera adelantado a realizar su primera propuesta, de pedir cinco mil dólares, hubiera perdido mucho dinero. A partir de este éxito, Edison dejó su trabajo como telegrafista para dedicarse a tiempo completo a su pasión, que era inventar cosas. Solo para que tengas una idea, los cuarenta mil dólares de esa época, son alrededor de setecientos mil dólares actualmente, ocho veces su objetivo. Nada mal, ¿no?

Cualquiera puede pedir o preguntar, pero ¿sabemos cuándo y cómo hacerlo?; ¿somos efectivos pidiendo o preguntando? ¿Estás resolviendo tus verdaderas necesidades cuando te dan lo que pides? Pedir parece sencillo, pero, si le temes al «no» estás definiendo tu éxito o tu fracaso. No olvides: el «no» es una respuesta que ya tienes antes de preguntar. No debes temerle, ni asumir que el otro sabe lo que quieres porque tus presunciones a menudo conducen a juicios erróneos. Marilee G. Adams (2004) puntualiza que es fácil pasar por alto los supuestos o defenderlos sin cuestionarlos. Hasta que los saquemos a la luz, las suposiciones pueden sabotear nuestros esfuerzos para lograr nuestras metas y deseos más profundos. Sin embargo, al pedir o preguntar tienes que ser claro y utilizar diversas tácticas.

Este principio es importante si quieres que tu héroe entienda el porqué de lo que solicitas. Por eso, luego de haber hecho la propuesta, el segundo paso es el saber pedir sin temor. El arte de pedir o preguntar es uno de los pasos más importantes en la negociación. Tan importante que, con una sola pregunta, Thomas Edison octuplica su ganancia por la venta de su invento.

Siempre es necesario buscar el ambiente adecuado, así como las estrategias necesarias para pedir. Dependiendo de que sepas pedir y la forma en que lo hagas, vas a recibir determinadas respuestas. Y debes estar preparado para ellas. En este punto ya hemos labrado todo un camino de conocimiento sobre la contraparte. A partir de allí, podemos persuadirla, hacerle ver que sabemos lo que quiere y que podemos ayudarla a lograr su objetivo.

8.2- «NO» ES PODER Y CONTROL PARA TU HÉROE

Al pedir, es importante que tengas en tu mente dos elementos: En primer lugar, el «cómo», es decir, la forma en que voy a realizar esa solicitud. No basta solo con pedir o preguntar, sino que debes utilizar tu empatía, además de aplicar la persuasión estratégica para saber solicitar esa información o acción. Robert Cialdini identifica, en su libro *Influencia - La psicología de la persuasión,* lo que él llama las seis armas de influencia, trucos psicológicos que pueden usarse para persuadir los pensamientos y las acciones de las personas. Estos son: 1. Reciprocidad. 2. Compromiso y consistencia. 3. Prueba social. 4. Me gusta. 5. Autoridad y 6. Escasez. Te recomiendo que leas su libro, si no lo has leído todavía. Es un material de gran valor para comprender un poco más a tu héroe, y entender sus respuestas o maneras de ver el conflicto. Se refiere al estudio científico de la mente humana y sus funciones que afectan el comportamiento en un contexto dado. Porque cuando pedimos o preguntamos, estamos afectando el contexto de nuestro héroe. Gran parte de nuestra comprensión de los principios psicológicos nos llega naturalmente, con la experiencia aprendemos cómo reaccionan las personas en ciertas situaciones y el por qué. Pero es necesario aprenderlo científicamente.

Durante la negociación es importante no presionar directamente el «sí», sino que se construyan puentes para crear alianzas.

En segundo lugar, aparece la esperanza de que digan que «sí». La mayoría de las personas identifican a la negociación como un proceso donde se presiona a la contraparte para que diga que sí. El problema con esto es que a nadie le gusta decir que sí, ya que da la sensación de pérdida de control y que puede estar asumiendo un compromiso no deseado. ¿Me creerías si te digo que vamos a armar esta petición de forma que, independientemente de que el héroe acepte o rechace, vas a ganar y obtener lo que quieres? Chris Voss (2016) descubrió cómo utilizar el «no» a nuestro favor, en su experiencia negociando para el FBI. Explica que los humanos tenemos un profundo deseo de autonomía y necesidad de mantener el control sobre nuestras vidas. Si tú usas un tono exigente y justiciero, estás eliminando la sensación de control. Al comenzar con una pregunta que provoca un «no» de tus héroes, les estás permitiendo mantener su autonomía. Esto los dejará más abiertos para escuchar lo que tienes que decir y tendrá un efecto positivo en la negociación.

Piensa, por ejemplo, cuando tus hijos o cualquier familiar cercano te piden algo. Lo primero que nos conviene decir es «no». Luego, lo pensamos y lo procesamos. El «no» es un reflejo de defensa y de lograr control. Una actitud que emerge instintivamente producto de ver al otro como un adversario. Inconscientemente, reaccionamos de esa forma en función de la supervivencia.

Más que buscar el sí, de tu contraparte, encuentra la forma de que el otro sienta la confianza de decir no.

El secreto detrás de esto es que el «no» otorga control. Es el freno que permite que pienses con mayor tranquilidad. Esto es igual para las negociaciones. Para nosotros, también, es la muestra de que aún no tiene desarrollada una decisión racional sobre el tema. Está trabajando en eso mediante la posibilidad de analizarlo mejor. Está consiguiendo tiempo y, a su vez, se encuentra buscando la protección de no comprometerse falsamente. Por eso, debes darle la posibilidad de estar en su zona de confort para pensar la respuesta. Si nuestra propuesta es sólida, podremos guiar a la contraparte a una decisión lógica y razonada. Sin embargo, tienes que estar atento de no presionarla y aguardar con paciencia.

Por lo tanto, en negociación es un error presionar buscando ese «sí» de forma reiterada y para culminar la negociación rápido. Cuando esto sucede, solamente se logrará un «sí» poco comprometido y vacío. Y te lo aseguro: tú no necesitas eso.

Ambiciono que comprendas cómo utilizar ese «no» para que la contraparte decida a tu favor. La clave está en elegir qué tipos de preguntas hacer.

Sobre esto, lo primero que tengo que decirte es que nos han educado para tenerle miedo al «no», llenándolo de connotaciones negativas. Un secreto de los buenos negociadores es que no le temen al «no». Los buenos negociadores saben que un «sí», tibio y sin compromiso no vale nada, porque solo sirve para evadir la tensión al negociar. Es un «sí» que no es significativamente importante. Y, como siempre digo, un «sí» fruto de la presión suele ser el motivo por el cual muchas veces no nos devuelven una llamada.

El «sí» es algo que psicológicamente atrapa a la persona.

Es como llegar a un acuerdo.

Quiero convertirte en un negociador estratégico. Para eso, debes entrenar tu mindset. Tienes que estar listo para recibir un «no», sin miedo. Tienes que recibirlo de forma tranquila, transmitiendo calma y utilizándolo para generar empatía. Para eso, tienes que hacer cuatro tipos de preguntas. Estos interrogantes los plantea Chris Voss, y todos parten de un «no». Pero, al formularlos con la pausa necesaria, ayudan a que la otra parte se sienta en control, aunque no lo esté.

1) ¿Qué es lo que te parece que no trabaja bien para ti?
2) ¿Qué es lo que hace falta para que podamos hacerlo?
3) Parece que hay algo que le molesta, ¿no?
4) Parece que, si arreglamos este problema, podríamos conseguir un acuerdo, ¿no?

Y esa sensación de control, que lo lleva a sentirse bien, es la que hace más fácil que comience a trabajar contigo. Por eso, es bueno que la otra parte se sienta bien negociando debido a que permite que todo fluya más.

La búsqueda del «sí» no es algo fundamental,

mucho mejor es encontrar las señales del otro de que se siente comprendido.

Siempre que enseño esto, me gusta nombrar a Jim Camp (2002), experto negociador y autor de *Start with NO*. En su libro, Camp hace un análisis brillante en el que demuestra que la gente busca constantemente la libertad de decir «no». Teniendo en cuenta esto, sabemos que una vez que pueda decirlo, el ambiente de la negociación cambia y se convierte en un ambiente más constructivo y colaborativo.

Te propongo que lo practiques para que lo compruebes. Cuando en una negociación decimos «no», comenzamos a trabajar en el *porqué*. Lo que quiero es que pienses ese «no» solo como alguien que está diciendo:

«No estoy listo para tomar este compromiso»,

«No me siento cómodo todavía»,

«No lo entiendo aún»,

«No sé si puedo pagarlo»,

«No tengo toda la información»,

«Me gustaría consultarlo con alguien».

Eso es lo que en realidad está diciendo. Hay que comprenderlo y perderle el miedo. Aunque suene extraño, el «no» es la puerta de entrada para el logro de un acuerdo.

Otro beneficio de hacer estas preguntas es que, muchas veces, quien dice «no» quiere explicarlo. Cómo buen negociador, debes utilizar ese «no» para conseguir información, además de dar la sensación de control. En otras palabras, el «no» es el punto de partida que te ayudará a lograr lo que quieres.

Entonces, la impresión de control que le damos al héroe cuando tiene la autoridad de decir «no» arroja como resultado una mejor reacción en sus emociones, lo que permite que se sienta cómodo. Piensa que es él quien está influyendo y quien está manejando el resultado. Y es bueno que lo crea. Si logras que la contraparte se sienta emocionalmente cómoda en su lugar, podrás llegar a un acuerdo. A esto le llamo «construir una atmósfera empática».

Ese sentimiento de confort hace que la habilidad de tomar decisiones se incremente, lo que permite que el poder de compromiso y de lógica funcione mucho mejor en ellos. Así, podemos entender cómo hacer para que coopere con nosotros. Ahora que sabes el poder del «no» al negociar, vas a ir en su búsqueda para plantear las preguntas correctas y comenzar a investigar.

Obviamente, si tu contraparte dice «sí» como primera respuesta a la petición, mucho mejor, solo tendrás que verificar que sea un «sí» legítimo y asegurarte de cómo conseguir el compromiso que complete el acuerdo.

8.3- CORAJE PARA PREGUNTAR

La primera pregunta que quiero formularte es que, si tienes una situación que involucra mucha presión y es complicada, puedes decir ¿Quieres que me vaya mal? Esa pregunta, la cual lleva a la contraparte a decir «no», le otorga control y una sensación de autonomía. Pero, a la vez, genera un compromiso y un deseo de explicarse. Produce que el otro tenga empatía y ansias de colaborar.

Antes de querer un sí de tu contraparte, dale el control de decir no, así sentirá confianza para continuar.

Por ejemplo, en vez de decir «creo que esto te va a servir», podemos preguntar «¿es ridículo pensar que esto te va a servir?» Vamos a analizarlo. Al formular la pregunta de esta manera, estás dejando que diga que no, lo que implica una pequeña diferencia que provoca que tu héroe se sienta en control y quiera comenzar a explicar su respuesta negativa. No lo olvides, siempre que decimos que no, queremos explicarlo, nos inclinamos a mostrar el motivo de esa respuesta. Lo que tienes que hacer es usar esto para que te ayude a lograr tus objetivos.

Otro ejemplo que permite ilustrar esta cuestión es que, en vez de decir «¿te gustaría que yo haga esto?», debes decir «¿Te opones a que yo haga esto?». De nuevo, le otorgamos a la contraparte una posición de control, y le generamos deseos de explicarse. Otra estrategia muy útil con los mismos objetivos consiste en, antes de decir «¿estás de acuerdo?», preguntar «¿no estás de acuerdo con esto?», dando a entender que psicológicamente el héroe está en control.

A esta altura, habrás entendido que cuando recibimos un «no», estamos ante una respuesta que nos ayuda a movernos hacia adelante. Al menos, si hay intención de lograr un acuerdo. Si no la hay, de todas formas, es mejor que se termine cuanto antes la negociación. Tu tiempo es muy valioso y debes respetarte. Edison no tuvo miedo al preguntar, y ¡mira los resultados que obtuvo!

8.4- ¿REALIZAR LA PRIMERA OFERTA?

Esta es una de las preguntas que surgen con frecuencia y que debe pensarse con cuidado. Cuando manejo el tema que estoy negociando, puedo estar en condiciones de generar la primera oferta. Sin embargo, si no sé el valor que le da el héroe a mi proposición no es pertinente hacer esa primera oferta. El mejor ejemplo para ilustrar esto es el de Thomas Edison, que te conté unas líneas atrás, cuando vendió su primera invención. Lo curioso de este caso es que logró venderlo a un precio alrededor de ocho veces más de lo que él mismo hubiera pedido, solo por el hecho de hacer la pregunta adecuada: «¿Cuál es la oferta de ustedes?» Él decidió esperar la oferta para saber cuánto estaban dispuestos a darle. Fue así como triunfó en esa importante negociación. Seguramente, en algunas ocasiones te desborden las ganas de ofertar. Sin embargo, si no conoces del tema o no tienes la suficiente experiencia, es mejor esperar y no dar el primer paso.

Cuando no se tiene suficiente claridad acerca de cuál es el valor que el héroe le da a mis productos o servicios, es mejor esperar y escuchar qué es lo que él tiene para decir. Por el contrario, si determinamos claramente el valor que significa para el héroe, podemos empezar por una primera oferta un poco más alta de lo que buscamos, investigando el efecto anclaje.

No le pidas a la gente que se olvide del pasado sino muestra y trabaja para que se proyecten al futuro.

La ventaja de dar la primera oferta es que podemos anclar el precio. Si vendes una casa, por ejemplo, el vendedor seguramente va a anunciarte un precio de mercado, en el cual te está diciendo que, por las características de la casa, el valor que él establece es «éste». Entonces, es aquí donde tú debes buscar unas cuantas casas con precios similares, con características semejantes y en zonas parecidas. Quizás encuentres unas mejores o peores, pero seguramente estarán en ese precio. En ese momento te será fácil dar un precio manejable para empezar la puja en la mesa de negociación, lo que traerá también un efecto psicológico importantísimo para la contraparte, porque sabrá que no estás jugando y que sabes perfectamente a dónde quieres llegar.

Al tener esa primera oferta, los negociadores ya deben estar focalizados y tener expectativas en base a ese precio específico que hemos anclado. Está comprobado estadísticamente que el anclaje siempre afecta el resultado final. ¡Atención aquí!: estos estudios demuestran que el anclaje no solo afecta a negociadores novatos, sino también a gente con experiencia. El hecho de que se haya dado un precio, remarcando un lugar en la cabeza de la contraparte, ya limita la discusión, lo que conduce a trabajar en esa conveniencia de ambos lados porque el vendedor debe justificar el precio ofertado y el comprador debe evaluar si está de acuerdo o, en su defecto, a qué distancia se encuentra de lo esperado.

Poner el ancla trae beneficios siempre, pero debes prestar atención y no extremar tu actitud. Poner la primera oferta de forma agresiva puede no ser muy bueno, ya que a tu héroe puede no gustarle, provocando que se vaya de la negociación. Esto nos dejaría con las manos vacías y sin el potencial comprador.

¿Si conoces el tema en plenitud y la contraparte te realiza una oferta sumamente agresiva, qué haces tú? ¿Pedir lo tuyo?, ¿te enojas y le preguntas por qué está pidiendo eso?, ¿discutes sobre el tema? La experiencia demuestra que, si alguien decide enviar una oferta muy agresiva, lo mejor es ignorarla para que la oferta no tenga mucho protagonismo. Avanzar, buscar progreso en comprender ambas partes y estudiar cómo se puede llegar a un precio más realista con legitimidad para uno y otro. Hay un riesgo de que, si seguimos el juego agresivo con una contraoferta agresiva, vamos a entrar a su escenario de conflicto y perjudicamos la relación junto con la destrucción de la confianza.

Para apoyarte en tu aprendizaje y para que puedas entender mejor la aplicación de los conceptos emitidos en este capítulo, te invito a revisar los documentos y videos que podrás encontrar en la siguiente página web:

www.nuncatemasnegociar.com

9

RESULTADOS

Principio N.º 5 - Todo es relativo.

Tu forma de mostrar los resultados va a afectar el resultado.

Pablo M Linzoain

Leyendo el libro *Predictably Irrational* de Dan Ariely (2010), sorpresivamente me pude percatar de un comportamiento muy extraño que había notado en mis clientes y en mí, al momento de negociar. El primer capítulo comienza con una historia que le sucedió al autor. Dan estaba navegando por Internet y se topó con un anuncio de la revista *The Economist*, que mostraba tres ofertas para la suscripción: la primera, una suscripción a Internet por $ 59, que parecía razonable; la segunda opción, la suscripción impresa por $ 125, que Dan consideró costosa, pero aun así razonable; luego, la tercera opción: una suscripción impresa, más la de Internet, por $ 125. Tuvo que leerla dos veces y volver a las opciones anteriores para intentar comprender la tercera oferta. ¿Por qué se presentaban así? Opción una $59, Opción dos $125 y opción tres $125. Fue en ese momento que se preguntó, ¿quién querría comprar solamente la opción impresa, cuando se ofrece la opción impresa más la de Internet, por el mismo precio?

El equipo de marketing de la revista *The Economist* conoce que los consumidores raramente eligen las cosas en términos de valores absolutos. Dan pensó que lo podrían estar manipulando. Él sospechó que la opción solo impresa podría ser un error tipográfico, ¡pero no! Con esa segunda opción, solo impresa ($125), nos seduce para que elijamos la opción tres que es «impresión + Internet por $125».

Dan, quien es una persona muy inteligente, dedujo que en el paquete combinado, ¡la suscripción a internet es GRATUITA! Es la mejor opción, se dijo a sí mismo, ¡adelante! Pero luego reflexionó en que ellos querrían que el lector omitiera la opción de solo internet ($59) y que se saltara a la opción más costosa: Internet más versión impresa ($125). El secreto está en que los ejecutivos de la revista nos están mostrando las ventajas relativas de una opción sobre otra, al colocar tres opciones/alternativas. Por ello, nos hacen creer y estimar el valor de la oferta sugiriendo que nos llevamos el Internet sin cargo. ¿Muy inteligentes, no te parece? Los especialistas en marketing de la revista *The Economist* generaron la comparativa de las tres opciones distintas de suscripción, para que nosotros mismos pudiésemos llegar a la conclusión de que la opción de la suscripción a la revista impresa más la versión digital era claramente superior, aun cuando era la más costosa.

Toda concesión requiere un intercambio, nunca des un favor sin pedir algo a cambio.

Gracias a la historia de Dan podemos concluir que, si nosotros mostramos estratégicamente los resultados futuros de la negociación, estamos ayudando a nuestro héroe a comparar y a decidir. No podemos asumir lo que va a pensar, sino que debemos trabajar como el equipo de marketing de *The Economist,* sabiendo que todo es relativo. No sabemos qué tipo de botines de fútbol queremos, hasta que vemos a Leo Messi pegándole a la pelota con esa magia y nos damos cuenta de que son esos los botines que necesitamos. Dan afirma que: «Ni siquiera sabemos qué queremos hacer con nuestras vidas, hasta que encontremos un pariente o un amigo que esté haciendo exactamente lo que creemos que deberíamos estar haciendo». Increíble, pero cierto. Hay muchas fuerzas ocultas al momento de tomar decisiones, que debemos identificar para ser mejores negociadores. La pregunta aquí es: ¿sabemos lo que queremos? o ¿necesitamos a alguien que nos ayude a saber lo que queremos? Dan se preguntó a sí mismo, puede ser que la mayoría de las personas no saben lo que quieren a menos que lo vean en contexto, comparándolo con otras cosas.

¿Qué fue lo que hizo Dan para ver si sus observaciones eran correctas? ¿Cómo podemos saber si en realidad la forma en que mostramos los futuros resultados puede afectar la decisión del cliente? Dan decidió hacer un experimento con estudiantes del MIT - *Sloan School of Management*, donde ofreció las siguientes opciones a 100 estudiantes con los siguientes resultados:

1. Suscripción solo Internet por $ 59—16 estudiantes

2. Suscripción solo Impresa por $ 125 — cero estudiantes

3. Suscripción Impresa más Internet por $ 125—84 estudiantes

Por los resultados que obtuvo queda claro que los estudiantes vieron la ventaja en la oferta combinada (Impresa más Internet) sobre la oferta solo Impresa. Dan, nuevamente, sigue cuestionando: ¿Fueron influenciados por la mera presencia de la opción «solo Impresa» o «señuelo»? ¿Qué pasaría si se elimina dicho señuelo? ¿Cómo reaccionarían esta vez, los estudiantes del MIT? El primer experimento arrojó como resultado que 16 estudiantes se decantaron por la versión en Internet y 84 eligieron la combinación. Dan volvió a realizar el experimento y, esta vez, ofreció solo dos opciones de suscripción y sacó la segunda opción: «solo versión impresa» (el señuelo) que en el primer experimento alcanzó un resultado de cero estudiantes.

1. Suscripción solo Internet por $ 59—68 estudiantes (antes 16)

2. Suscripción impresa más Internet por $ 125—32 estudiantes (antes 84)

Con este nuevo resultado, claramente observamos que la falta del señuelo cambió la perspectiva y, por lo tanto, su elección.

Si llevamos este experimento a su traducción a dólares vendidos, tendremos:

a) Con las tres opciones ofrecidas por *The Economist*, las ventas alcanzarían un monto de: $11.444, según el primer experimento con los 100 estudiantes.
a) Con las dos opciones, tal como propuso Dan en su segundo experimento con los 100 estudiantes, las ventas de la revista sumarían un total de solo $8.012.

La realidad nos demuestra que hay solo dos opciones (Impresa e Internet) que van a generar $8.012 dólares, pero si presentamos mejor los resultados a nuestros clientes y le incluimos una tercera opción, podríamos obtener un incremento del ¡42.8%! Nada mal, considerando que hay una opción que nadie eligió, pero afectó los resultados en más del 40%.

Todos buscamos maximizar nuestros resultados y lograr más con menos. Ahora bien, consideramos nuestras decisiones en forma relativa, porque comparamos las opciones unas contras otras, lo cual es importante para todo negociador, porque debemos ayudar al héroe a que compare con las opciones que nosotros deseamos que coteje. Pero también puede hacernos miserables. Dan lo explica con la historia de los salarios de los CEO ¿Por qué? Porque los celos de un ejecutivo surgen al comparar su salario con el de los demás. En 1993, el gobierno de EE. UU. obligó a revelar detalles sobre honorarios de los CEO, para que dejaran de aumentarse en escandalosas cifras, ya que en 1976 el CEO promedio recibió 36 veces más que el trabajador promedio.

El gobierno estadounidense calculó que generando transparencia los directivos se iban a cuidar y se rebajarían los sueldos, pero desconocía lo que tú ahora conoces: todo es relativo y los ejecutivos se van a comparar con otros de su misma clase. Pero adivina lo que sucedió: una vez que los salarios se convirtieron en información pública, aparecieron en los medios infinidad de artículos clasificando a los CEO por el salario que percibían. Y en 1993, al CEO promedio se le pagaba 131 veces más. El 20 de julio de 2017, el Instituto de Política Económica[21] publicó que el salario promedio del CEO era 271 veces el salario promedio anual ($ 58.000) del trabajador estadounidense típico.

Al negociar es importante introducir una forma de comparación.

---

[21] CEO pay remains high relative to the pay of typical workers and high-wage earners Report • By Lawrence Mishel and Jessica Schieder • July 20, 2017https://www.epi.org/publication/ceo-pay-remains-high-relative-to-the-pay-of-typical-workers-and-high-wage-earners/

Ahora sabemos que todo es relativo, y que si queremos obtener mejores resultados tenemos que trabajar en la forma de mostrarle a nuestro héroe las opciones que tiene. No debemos confundir la propuesta con los resultados, porque la propuesta es nuestra, lo que nosotros hacemos; en cambio, los resultados son los beneficios que puede obtener el héroe, los cuales están plasmados en las diferentes opciones que le presentamos. Observemos que en el ejemplo de la revista *The Economist*, la propuesta es la suscripción: impresa o por internet. Para ello, los directivos presentan tres opciones que consideran serían las más convenientes para el lector: internet, impresa o suscripción a los dos formatos, dejando el señuelo de que con esta última opción se obtienen las dos suscripciones por el precio de una.

Cuando la propuesta está sobre la mesa, ambas partes la conocen y tú realizas tu pedido. Ahora es el momento de explicar los resultados que obtendrán con tu proposición. Aquí estamos mostrando como se verá el héroe con la implementación de la propuesta. Por lo general, el héroe puede no tomar acción, lo importante es desafiarlo para que elija una opción y tome la decisión. Al presentar las opciones de resultados propuestos, ganamos el pie para explicar que hay que tomar acción en un contexto específico, el cual creamos y describimos comparando nuestras opciones con otras y guiando a nuestro protagonista para que se decida por la opción que nosotros le ofrecemos. A continuación, te presento las observaciones fundamentales de este paso.

Tu héroe no sabe lo que quiere hasta que no lo ve en un contexto donde puede comparar, como sucedió en el ejemplo de la selección entre «internet o impresa». Después de ver que la suscripción a *The Economist* es mejor que al Wall Street Journal o el New York Times debe tomar la decisión y lo ayudaremos. ¿De qué forma? Exactamente como lo presentó *The Economist:* mostrando las tres opciones y ayudando para que elija el mejor arreglo posible. Si no, cuantas veces compramos algo sin saber qué era lo que queríamos comprar, pero al ver esos resultados no pudimos con la tentación, como dice Dan: «Es un robo sangriento, ¡adelante, gobernador!»

Este contexto es lo que le ayudará al héroe a elegir, a tomar una decisión. El ser humano raramente elige cosas en valores o términos absolutos, porque no tiene una comparación interna y busca un punto de referencia. Lo que hace es analizar el valor relativo de algo en comparación con otra cosa y, a partir de ahí, le da un valor o «precio». Con base en esto, ¿cómo llegarás a los resultados? Si en la presentación de los resultados de tu propuesta logras el efecto de llevar a tu protagonista a comparaciones donde él puede advertir que es muy probable conseguir satisfacer su problema (que es como un dolor o malestar), entonces alcanzarás el éxito.

Debes ver qué factores intervienen ante un tipo determinado de resultados. Es aquí donde entra la manera de cómo te posicionarás frente a tu contraparte y de cómo mostrarás los resultados para que tome una decisión. Todo es relativo: las decisiones las tomas con base en el camino y a la comparación con una alternativa local que tienes disponible.

Trabajar en la preparación es una inversión en el éxito. Pero gran parte del éxito dependerá de cómo muestras los resultados. El secreto está en no asumir y realizar un *checklist* o en español «*lista de verificación*» de la negociación.

9.1- CHECKLIST

La optimización de la forma en que mostramos cómo el protagonista entenderá los posibles resultados, rara vez se trata de ignorar las opciones que ofrecemos, y es más acerca de la ineptitud de ordenar y no olvidar nada en la propuesta. Debemos escribir nuestra lista de elementos a verificar, porque hacerlo mejora el rendimiento en todas las negociaciones donde se aplica. Sin embargo, por alguna extraña razón, rara vcz los negociadores emplean listas. Si usamos de manera más consistente y metódica una fracción de lo que ya sabemos de la negociación, estaremos creando mejores resultados.

Quiero presentarte a un médico cirujano, escritor e investigador de salud pública, Dr. Atul Gawande (2009) quien escribió *The Checklist Manifesto,* donde enseña uno de los más importantes secretos para reducir errores. Te recomiendo que lo utilices en tus prácticas como negociador. El autor afirma que: «...necesitamos una estrategia diferente para superar el fracaso, una que se construya en base a la experiencia y tome ventaja del conocimiento que tiene la gente, pero que también, de alguna manera, compense nuestras inevitables deficiencias humanas. Y esta estrategia existe, aunque parecerá casi ridícula en su simplicidad, tal vez incluso loca para aquellos de nosotros que hemos pasado años desarrollando cuidadosamente habilidades y tecnologías cada vez más avanzadas. Es el checklist (lista de verificación)».

Debemos verificar que, al explicarle al protagonista lo que logrará con nuestra propuesta, estemos tocando cada uno de los elementos del acuerdo y cómo se verán los resultados. Esto puede significar la diferencia entre la aceptación y el rechazo de dicha propuesta. *The Economist* encontró la forma de presentar los resultados con opciones que nos hacen decidir en lo que ellos quieren que decidamos, utilizando todos los elementos que nos influenciarían y logrando incrementar sus ventas en un 40%.

Una de las razones por las cuales a la gran mayoría de las personas no les atrae la idea de hacer un *checklist* es porque piensan que pierden su libertad y creatividad. Pero… ¿adivina qué? Sucede exactamente lo contrario. Para no ser manipulado, arma tu *checklist* de los elementos del resultado y focalízate en los detalles. Expande tu foco para ver las otras alternativas que se están considerando, y tú decides si esas relaciones relativas serán útiles para tus intereses o no.

Después de terminar tu lista, vale la pena hacerte las siguientes preguntas, antes de concluir este paso de verificación de todos tus elementos importantes en la negociación:

- ¿Cuáles fueron los objetivos que tuve para esta negociación?
- ¿Hay algún otro análisis u otra pregunta que deba hacer?

- ¿Tengo algo más que mostrar? (en caso afirmativo, ¡este es el momento!)
- ¿Cuál(es) es (son) el (los) beneficio(s) que nuestro héroe está considerando como más importante(s)?

9.2- IMAGINAR LOS RESULTADOS

A nadie le gusta que le vendan o que lo presionen a comprar, pero a todos nos gusta conseguir mejores cosas y adquirir aquello que nos hace falta para solucionar un problema. Es primordial explicarle a tu héroe que los resultados que él logrará con tu propuesta no puede lograrlos cualquier persona. Solo él lo hará. Por ello, le has hecho esa propuesta. Es aquí donde vamos a persuadirlo para que acepte lo que quieres, porque antes hemos comprendido lo que él quiere.

Al momento de mostrar los resultados debes centrar tu mente en la solución. Yo siempre digo a mis clientes que nuestro instinto debe estar centrado en la solución del problema. Al presentar opciones para que el otro visualice el resultado, hablar de ti está de más, debes entender que lo más sustancial en la negociación es mostrar al héroe lo bien que le irá.

Tu héroe debe entender que existe una clara determinación de tu parte con respecto a cómo lo vas a ayudar. Recuerda, para ser buenos negociadores no puedes decir «yo» sino que debes decir «usted(es)» y trabajar en el otro.

Es posible que hayas realizado una presentación de todos los beneficios que el protagonista obtendrá. Pero es poco prudente presentar muchas opciones juntas, porque la comparación es efectiva solo cuando la puedes realizar mentalmente. Y una comparación con pocas opciones ayuda a que tu contraparte no se confunda.

¿Cuál es la forma adecuada de presentar esos resultados? Si al imaginar los resultados la otra parte cree que obtiene menos que tú serás rechazado, sin importar qué tanto hayas pedido. Al contrario, si tus resultados son comparables y parecen justos, generando emociones y empatía, estarás en buenas perspectivas de convencer al héroe de que tu solución es la perfecta.

Entonces, lo importante aquí es mostrar a tu héroe los resultados de manera que se sienta como el dueño de la situación. ¿Por qué? Sencillo, las personas, al ser dueñas de algo, lo valoran más que si no les perteneciera. Te doy un ejemplo: si yo tengo un automóvil, para mí siempre valdrá más que lo que otra persona esté dispuesta a pagar, ¿no es así? Lo mismo sucede con nuestra casa, le damos un valor más alto, ¿verdad? ¡Valoramos siempre más lo nuestro que lo que le pertenece a otro!

Si posicionas en la mente de tu héroe la idea de que él es el dueño de ese resultado, por su mérito y esfuerzo, él va a comenzar a apreciarlo más.

Al mostrar el plan de acción, le estás hablando de progreso. ¿A quién no le gusta el avance? Los seres humanos somos amantes del progreso, y cuando vemos que algo está en vía de desarrollo tendemos a sumarnos a ello, pero cuando observas que algo está estancado, tu primera reacción es alejarte, porque te das cuenta de que allí puede haber problemas. Obviamente, siempre es importante ser muy positivo en toda negociación, más en esta parte, cuando estás mostrando todo lo que has hecho, avanzado, hablado, construido y la forma cómo seguirás, ahora que ellos son los dueños.

A la hora de que tu contraparte se imagine los resultados, comparar opciones es un elemento esencial. Aquí tienes que conocer bien al héroe y proporcionarle claridad para que decida ir hacia lo que es más conveniente para él y para ti. Tratar de dar demasiadas opciones suele causar la «parálisis del análisis», que hace que no se logre ningún avance.

Podríamos afirmar que eliminando opciones se asegura más la victoria y se le da un poco más de «foco» al héroe. Para ello debes tener convencimiento y autoridad: si comienzas a dudar de ti mismo, la autoridad no está ahí. Debes mostrar una autoridad clara sobre el tema, sobre aquello que le estás ayudando a resolver a tu protagonista.

9.3- DAR ALGO GRATIS

Soy un firme creyente en que no hay nada gratis, sino que todo se paga, de una u otra forma. Pero cuando muestras los resultados y haces que el héroe sienta que está en control, es el mejor momento para decirle «esto te lo estarás llevando gratis», ya que esta frase, sin duda, encierra poder.

Hay varios análisis sobre el poder que se ejerce sobre una persona cuando le hacemos ver que algo es gratis. Es mucho más fuerte que si le dijéramos que vamos a ofrecerle un descuento, o que tiene que pagar un precio muy bajo.

Al hablar de «pagar», las personas tienden a analizar el tema. Pero al hablar de «gratis», no analizan y actúan más impulsivamente, como en la historia del diario *The Economist*. Esto se debe a que siempre tienen miedo de perder algo, pero si tú en ese momento muestras que como parte de los resultados también se llevarán algo de forma gratuita, será difícil que se alejen racionalmente. Será el mejor momento de mostrar estos beneficios adicionales para que ellos tomen acción ahí y se den cuenta de que si no lo hacen, los perderán (y a nadie le gusta perder).

Si algo es gratis, es nuestro, ¡ya somos dueños de ello y ahora comenzaremos a valorarlo más, aun cuando es gratuito!

Para apoyarte en tu aprendizaje y para que puedas entender mejor la aplicación de los conceptos emitidos en este capítulo, te invito a revisar los documentos y videos que podrás encontrar en la siguiente página web:

www.nuncatemasnegociar.com

10

NO ARREGLO

Principio N.º 6: El arte de manejar los miedos.

El hombre valiente no es el que no siente miedo, sino aquel que conquista el miedo.

Nelson Mandela

Los seres humanos, y en especial los negociadores, tratamos de evitar los finales trágicos. Para muchos de nosotros, no llegar a un acuerdo es un fracaso; y esto da miedo. Pero en el proceso de negociación es mejor no llegar a un arreglo si una de las partes está pensando en no cumplirlo. Por eso, insisto en la responsabilidad de presentar ese «no arreglo» con el que llevarás a tu héroe a ver las consecuencias de su indecisión y a realizar nuevos análisis. Tú tienes el poder de trabajar con sus miedos, y reconocer los tuyos para que no crezcan. El no arreglo genera miedos a ambas partes de la mesa de negociación. A continuación, voy a enseñarte tres ejemplos para clarificar el tema que estamos abordando.

Si necesitas informar malas noticias, lo mejor es ser franco y directo, y luego, busca que el otro sepa que estás de su lado.

Un estudio realizado en 2016 por científicos de la Universidad de Pennsylvania pidió a un grupo de personas que caminaran 7.000 pasos al día, durante seis meses. A los participantes en el grupo (A) se les pagó $ 1.40 por cada día que lograron su objetivo, mientras que los del grupo (B) perdieron $ 1.40 por cada día que no consiguieron el objetivo. El segundo grupo (B) alcanzó su objetivo diario un 50% superior al grupo (A). Hubo una clara preferencia de las personas a no caminar para evitar pagar, o mejor dicho, miedo a la palabra «perder», concepto que veremos más adelante. Y el incentivo de caminar por $1.40 no fue suficiente para generar el interés de la muestra por ganar ese dinero.

El segundo ejemplo lo tomamos de Daniel Kahneman (2011), en su libro *Pensar rápido, pensar despacio*, donde nos pide que examinemos nuestra reacción a las siguientes preguntas en las cuales hay un riesgo de perder y una oportunidad de ganar, y debemos decidir si jugar o no hacerlo. ¿Simple no?

¿Te gustaría participar en este juego de lanzar la moneda?
Si la moneda muestra CRUZ, pierde 100 dólares
Si la moneda muestra CARA, gana 150 dólares.
¿Es atractivo este juego? ¿Aceptarías jugar?

Para la mayoría de las personas, el temor a perder 100 dólares es más intenso que la esperanza de ganar 150 dólares. Kahneman concluyó que «las pérdidas pesan más que las ganancias», y que los seres humanos sienten aversión a la pérdida. Ahora es tu oportunidad de opinar: ¿cuál es la ganancia mínima que necesitas para arriesgarte y tener una posibilidad de perder 100 dólares? En el estudio se observó que, para muchas personas, la respuesta es unos 200 dólares; es decir dos veces el valor de la pérdida.

Los acuerdos se dan cuando hay compromiso y claridad en que ambas partes van a estar mejor de lo que estaban inicialmente.

Leamos un tercer ejemplo que nos brinda el famoso experto en persuasión Roberto Cialdini, en su artículo *The Power of*

Persuasion» (2003)[22] publicado por Stanford Social Innovation Review, en el que recoge un estudio realizado en California, donde investigadores visitaron casa por casa aconsejando a sus moradores aislar sus viviendas para ahorrar energía. A la mitad de los propietarios se les comentó cuánto ahorrarían cada día si aislaran completamente sus hogares. A la otra mitad se les informó cuánto perderían cada día, si no lo hicieran. En la prueba, aquellos que escucharon cuánto perderían se mostraron significativamente más propensos a aislar sus hogares, aunque la cantidad de dinero era la misma para el ahorro o para la pérdida. De allí se puede concluir que la amenaza de pérdida potencial juega un papel más importante en la toma de las decisiones humanas.

En estos ejemplos vemos una clara preferencia de las personas por evitar pérdidas en lugar de adquirir ganancias. Las investigaciones han demostrado que poseemos un sesgo de negatividad. En pocas palabras, nuestro miedo a perder es mayor que nuestra intención de ganar. La persona promedio requiere una ganancia dos veces mayor al valor de la pérdida potencial antes de que se arriesgue. La próxima vez que estemos sintiendo una pequeña ola de miedo, tomemos una respiración profunda y acojamos el miedo, preguntándonos qué es lo que hay allí para enseñarnos. Luego, avancemos con confianza para enfrentar el desafío, porque huir de nuestro miedo no es una gran idea. Por lo tanto, cuando percibamos

---

[22] https://ssir.org/articles/entry/the_power_of_persuasion# por Robert B. Cialdini Summer 2003 - Stanford University

que el miedo surge, en lugar de retroceder, debemos ver el miedo como una oportunidad para crecer.

En resumen, en un proceso de negociación el temor a perder es muy movilizador. Y puedes usarlo a tu favor. Si estudias tus miedos, analizas qué es lo que temes perder y te preparas para no ceder a esa sospecha. También lo utilizas a tu favor cuando le muestras a tu protagonista lo que él perderá si no cierra el trato contigo. Pero, si dejas que tu miedo a perder te domine, ese temor operará en tu contra, anulando tu serenidad y tu capacidad de pensar con claridad.

10.1- AVERSIÓN O MIEDO A LA PÉRDIDA

La teoría prospectiva desarrollada por el premio Nobel Daniel Kahneman y su colaborador Amos Tversky en el clásico libro *Teoría prospectiva: un análisis de la decisión bajo riesgo,* de 1979, comienza con el concepto de aversión a la pérdida; una forma asimétrica de aversión al riesgo, a partir de la observación de que las personas reaccionan de manera diferente entre las pérdidas y las ganancias potenciales. Como lo hemos observado en los tres ejemplos mencionados, las personas experimentan mayor infelicidad y nerviosismo ante la posibilidad de perder algo, en comparación con la satisfacción que pueden obtener al ganar algo.

¿Por qué esto es tan importante para negociar e influenciar? Deepak Malhotra y Max H Bazerman (2013), mis profesores favoritos de la Universidad de Harvard, en su increíble libro *El Negociador Genial*, lo explican de una forma magistral:

1. Presenta tu propuesta hablando de los posibles beneficios que la otra parte corre el riesgo de perder si rechaza su idea o propuesta, en lugar de hablar de lo que podría ganar si aceptara. Por ejemplo, cuando un consultor le dice que «si no ponemos en práctica estos cambios, el resultado será una pérdida de ingresos del 1,5 por ciento».
2. Cuando lleves a cabo una subasta, informa a los postores que «se perderán la oportunidad de tener X si no aumentan su apuesta», en lugar de «tendrán la oportunidad de conseguir X si aumentan su apuesta».
3. Indica: «La oferta de nuestro competidor no le da X, Y ni Z», en lugar de: «Nuestra oferta le da X, Y, (y) Z».

Los autores también señalan que hay que ser muy cuidadoso en cuanto al uso de la estrategia del miedo. Por ello, indican que no debemos dejar de tomar en cuenta lo siguiente:

1. Los que solo se centran en los riesgos, los costos, las pérdidas y las desventajas pueden ser vistos como

hostiles, amenazadores o, simplemente, desagradables. Estas atribuciones pueden crear barreras a la negociación, si inducen a la otra parte a responder con la misma moneda.

2. Presentar las cosas bajo el prisma de las pérdidas debería ser estratégico y tener un objetivo claro, no invadirlo todo.
3. Quizá sea mejor reservar el uso de un contexto de pérdida para resumir nuestros argumentos o para hacer nuestro discurso final y evitar la negatividad en las primeras etapas de la presentación o la discusión.
4. Hablar en exceso de las pérdidas puede deteriorar las relaciones.

En este punto todo es suspenso. Aquí sigues persuadiendo y trabajas con tu autoridad, mostrando dosificadamente lo que el arreglo requiere. En ningún momento como una amenaza, sino como una forma de evidenciar lo que pudiera ocurrir de no lograr un convenio.

No acorrales a tu héroe con amenazas porque no te favorece en nada en tu proceso.

La manera de influir en nuestro héroe cambia si presentamos la información como una de las malas noticias para él, en lugar de las buenas. Este principio de la aversión a la pérdida es una táctica de negociación utilizada frecuentemente. Comprendiendo los miedos de las personas, podemos entender y comunicarnos mejor con el dolor que causa el problema. Tenemos que prepararnos, sin ser consumidos por nuestras ideas negativas y miedos, que nos generan incertidumbre.

10.2- ¿CÓMO MANEJAR LA AVERSIÓN A LA PÉRDIDA?

La mayoría de nosotros vivimos en un estado constante de miedo. Y nos hacemos fuertes cuando reconocemos nuestros temores, para saber utilizarlos y trabajar mejor con ellos. Así lo explica el maestro zen y monje budista Thich Nhat Hanh (2012), en su libro *Fear*: «El miedo nos mantiene enfocados en el pasado o preocupados por el futuro. Si podemos reconocer nuestro miedo, podemos darnos cuenta de que en este mismo momento estamos bien...» El miedo es uno de los temas más importantes en toda negociación y es el menos analizado por los especialistas, debido a que es un tema controversial; no es fácil de presentar y mucho menos de admitir. Pero si no aprendemos a usarlos, esos miedos pueden ser utilizados contra nosotros, sin que nos demos cuenta.

En el libro *Building Communication Theory,* de Infante, Rancer y Womack (2003), me topé con estos cuatro excelentes pasos llamados *apelación al miedo*, un proceso para atraer la atención de nuestro héroe y generar sentimientos de temor:

1- Primero, debes hacer que el lector (u oyente) sepa que es vulnerable a una amenaza. Por ejemplo: «Casi el 30 por ciento de todos los hogares tienen evidencia de infestación de termitas».
2- En segundo lugar, tienes que informar al lector que, dado que es vulnerable, debe tomar medidas para reducir su vulnerabilidad. «Como nadie quiere termitas, debe hacer algo al respecto para proteger su hogar».
3- En tercer lugar, debes informarle sobre un llamado a la acción específica que lo proteja del riesgo. «Ofrecemos un tratamiento completo en el hogar que asegurará que su casa esté libre de termitas».
4- Cuarto y último, tienes que desafiar a las personas a tomar esta acción específica. «Llámenos hoy y programe su tratamiento en el hogar».

Esos pasos presentan una forma suave de excitar el miedo y luego resaltan un camino que devolvería la paz y la estabilidad a los lectores u oyentes. Es uno de los mejores métodos que he aprendido para utilizarlo cuando necesitamos influenciar a nuestro héroe. Sin embargo, al apelar al temor debemos ser sutiles: un mensaje moderado generará un contexto de interpretación más efectivo para el resultado que estás buscando.

Esa vulnerabilidad no solo es importante en estos 4 pasos, sino que influye en que ambas partes se conecten mejor y puedan entenderse mutuamente. Keith Ferrazi (2014), el autor de *Nunca Comas Solo*, explica que la vulnerabilidad es uno de los activos menos apreciados en los negocios. Todo el mundo tiene algo en común con otra persona, y si no encontramos esas similitudes, la otra persona no se «abre» y no expone sus intereses o preocupaciones, permitiéndole a la otra parte hacer lo mismo.

Si no se llega a un arreglo, puedes mostrarte vulnerable. En este caso, apelarás a la empatía, con la posibilidad de llegar a ese acuerdo.

Debes tener presente que, tanto para conocer la parte vulnerable de tu protagonista como para mostrar tu propia vulnerabilidad, debes moverte de modo sincero y auténtico. Esto no puede fingirse. Luego de influenciar con las correctas herramientas del «no arreglo», es el momento de comparar nuevamente nuestras alternativas: nuestro BATNA y el del héroe, para saber en dónde estamos.

10.3- LA MEJOR ALTERNATIVA – BATNA

(Best Alternative to A Negotiated Agreement).

Las personas toman decisiones basadas en las ganancias o pérdidas potenciales en relación con el punto de referencia o su situación específica, en lugar de en términos absolutos. Es decir, tendemos a comparar una opción que nos ofrecen con otras alternativas, a los fines de obtener una perspectiva. Este punto de comparación es el BATNA, término acuñado por Roger Fisher y William Ury, que nos otorga un buen punto de referencia.

El término BATNA, que significa «mejor alternativa posible a un acuerdo negociado» nos brinda ese punto de referencia para comprender que sí, durante la negociación, el resultado no es mejor que el BATNA, es mejor ir por éste. El BATNA es importante porque no sería inteligente tomar la decisión de aceptar el acuerdo, a menos que se conozcan las alternativas o esos puntos de referencia. En su libro, Fisher y Ury describen el siguiente proceso para determinar el BATNA:

- Hacer una lista de acciones que puedas tomar si no se llega a un acuerdo.
- Mejorar alguna de las ideas prometedoras.
- Seleccionar, tentativamente, una opción que se considere la mejor

Otros consejos útiles para desarrollar un BATNA sólido son:

- No subestimar el propio poder de negociación.
- Estudiar el BATNA de la otra parte.
- No confundir el BATNA con el límite inferior que estás dispuesto a aceptar.

Al final de todas nuestras negociaciones, debemos estar preparados para mostrar lo que sucede si no hay arreglo, porque conocemos nuestro BATNA. La mayoría de las veces no es conveniente decirlo, pero lo hacemos notar con comentarios. El «no arreglo» es una herramienta de influencia a nuestro favor, cuando sabemos usarla. Porque sabemos que cuando nuestro héroe piense con claridad y tome su decisión, es probable que reaccione negativamente a las pérdidas.

Para lograr un acuerdo tenemos que intentarlo, y todos quieren hacer algo, pero son pocos los que pondrán la energía necesaria para hacer el sacrificio, con coraje. Debemos seguir adelante sin que el miedo interfiera con el progreso. Los obstáculos son superados por quién se propone cumplir el deseo sin darle tiempo a sus miedos. La indecisión genera tiempo y el tiempo es el mejor alimento para hacer crecer nuestros miedos. La mejor forma de hacer crecer la inseguridad y el miedo en nosotros mismos es darle tiempo y seguir pensando, sin tomar acción. La acción nos trae un desafío, ese miedo tiene que ser el activador de nuestra acción para salir y actuar. Siempre mira la ventaja que obtienes al superar el obstáculo, y ello te dará el coraje necesario para su conquista. No dejes que un revés te detenga. Piensa como si fuera un incidente que debes superar para alcanzar tus objetivos.

Siempre recomiendo que, para no generar conflictos, cada vez que se dé a conocer una alternativa debe tratarse de algo que harás para ahorrarle tiempo a tu héroe. No obstante, lo prudente es saber administrar en forma confidencial todas las alternativas. Porque ha sucedido que el héroe contacte a tus alternativas para trabar tu futuro acuerdo y que tengas que regresar a él. Entonces, lo inteligente aquí es no decir nada y hacer lo que más te beneficia a ti, sin generar resentimiento en ninguna relación ni con ninguna de las partes.

Estás asesorando a tu héroe con respecto al futuro inmediato, donde él puede obtener el beneficio gracias a tu propuesta y, de esta forma, escapar de las consecuencias negativas de no llegar a este acuerdo. En los casos en los que una de las partes no está dispuesta a asumir el compromiso, lo prudente es analizar las diversas alternativas que están al alcance de todos.

El «no arreglo» nos da la oportunidad de interactuar con los miedos de tu héroe que todavía no ha comprendido la solución. O, probablemente, no ha terminado de entender las consecuencias de su resistencia. Por ello, tu propuesta debe ir encaminada a mostrar lo que puede pasar de no obtener un acuerdo. Asimismo, debes estar al tanto de los secretos con los cuales ese héroe satisface sus intereses, porque sin ello, y sin lo que has pedido, no habrá acuerdo. Él debe verlo, como también debes hacerle entender que tú cuentas con otras alternativas que no las expondrás en un primer momento, pero sí dejarás muy claro que podrá contar con tu determinación y pasión por la acción.

10.4- PARA EVITAR CONSECUENCIAS NEGATIVAS

Todo esto comenzará a trascender cuando expliques y enseñes lo que el héroe puede (o no) obtener dependiendo de su decisión, y, en consecuencia:

- Habrá más claridad, no existirá tanta confusión.
- Se le hará saber al héroe lo que podrá lograr, si elimina el dolor o resuelve el problema.
- Habrá más transparencia y tranquilidad, en lugar de estar omitiendo nada en relación con lo que está sucediendo.
- No habrá costos escondidos, sino que los términos con respecto a lo que se va a pagar y a lo que se estará recibiendo a cambio serán más claros, así como la manera en que se estarán viendo las cosas al final.

Estos puntos son solamente algunos de los ejemplos, los cuales puedes mostrar a tu héroe para que tenga una idea de lo que sucedería en caso de lograr (o no) el acuerdo.

Una pregunta central que debemos hacernos, al operar de acuerdo a la estrategia del «no arreglo», es la que gira en torno a las consecuencias que le evitarás al protagonista en caso de lograr (o no) el acuerdo:

Pregúntate:

a) ¿Qué le evitarás?
   ¿Que tenga un problema de dinero por no trabajar con nosotros?

b) ¿Cuáles son las consecuencias negativas que ayudaras a eliminar?
¿Que tenga, quizá, un problema de salud?
¿La oportunidad de llegar a una solución y por consiguiente reflejarlo en sus costos?

A estas alturas, estás en una posición donde ya deberías haber aprendido a leer a tu héroe, lo cual te ayudará a mostrarle cómo evitar resultados negativos, presentando tu oferta como las más atractiva. En definitiva, es como darle una advertencia de las cosas y consecuencias que puede experimentar si decide no hacer negocios contigo. Las personas querrán siempre realizar aquello que se enmarque en sus mejores intereses porque cuando ven que algo los puede lastimar y, por ende, afectar, comienza la tensión. A nadie le gusta perder, y eso es lo que debemos saber manejar.

Al indagar en la mente de otros para mostrar ese «no resultado» a partir de la experiencia de ellos, ayudará en gran medida a conocer a fondo aquellas situaciones que puedes utilizar desde tu autoridad, partiendo del hecho de que no lo sabes todo, pero dejando en claro que tú eres el guía. Es aquí donde comienzas a cerrar todo el círculo.

Para apoyarte en tu aprendizaje y para que puedas entender mejor la aplicación de los conceptos emitidos en este capítulo, te invito a revisar los documentos y videos que podrás encontrar en la siguiente página web:

www.nuncatemasnegociar.com

11
ESCRIBIR SU VICTORIA

Principio N.º 7 - La maestría de la implementación.

La victoria tiene cien padres, pero la derrota es huérfana.

Napoleón Bonaparte

Durante la Guerra Fría, la Unión Soviética comenzó a instalar misiles nucleares en Cuba, los cuales podrían tener alcance para un ataque a los Estados Unidos. El 20 de enero de 1961, en su histórico discurso, John F. Kennedy apuesta por la paz, «...comencemos nuevamente la búsqueda de la paz, antes que de los poderes oscuros de la destrucción...» y sostiene «...la civilidad no es una señal de debilidad». Él estaba tratando de frenar una posible guerra nuclear, pero eso lo hacía parecer débil. Y, siendo el presidente electo más joven, con tan solo 43 años, estaba convocando claramente a la negociación, «...el inestable equilibrio del terror que detiene la mano de la última guerra de la humanidad», con su pensamiento focalizado en las posibles soluciones a los problemas: «Que nunca negociemos por miedo, pero nunca temamos negociar. Permitámonos analizar qué problemas nos unen, en lugar de detenernos en los problemas que nos dividen».[23]

El 14 de octubre de 1962, un avión americano tomó fotos como evidencia sólida de la presencia de misiles soviéticos en Cuba. El 22 de octubre a las 7 p.m., en un discurso televisado, el presidente Kennedy reveló la existencia de misiles nucleares soviéticos en Cuba, con la advertencia a Moscú de que, si no las retiraban, EE. UU. estaba preparado para sacarlos por la fuerza. Las negociaciones fueron muy hostiles. En su libro «Thirteen Days», Robert Kennedy (1969) relató los sucesos de la crisis «Desde el principio, JFK creía que el presidente soviético era un hombre racional e inteligente que, si le dábamos el tiempo suficiente y le mostrábamos nuestra determinación, alteraría su postura. Pero siempre existía la posibilidad de error, de equivocación, de un cálculo erróneo o un malentendido. Y el presidente Kennedy estaba obligado a hacer todo lo posible para reducir esa posibilidad por nuestra parte».

Existía este miedo que Nikita Kruschev advirtió claramente: «Si llegara a estallar la guerra, no tendríamos el poder de detenerla, porque así es la lógica de la guerra».

---

[23] https://www.jfklibrary.org/learn/about-jfk/historic-speeches/inaugural-address

A las 4 p.m. del domingo 28 de octubre, la dirección soviética envió un mensaje urgente a Washington indicando que el primer ministro Kruschev había aceptado las demandas del presidente y ordenaba la retirada de misiles de Cuba. Un acuerdo exitoso por el esfuerzo de las partes que pueden ahora escribir la victoria: la Unión Soviética retiraría los misiles de Cuba; a cambio, Estados Unidos prometía no invadir Cuba. Hubo un pacto secreto que fue una concesión americana, «retirar sus misiles de Turquía», porque eran considerados una amenaza por la Unión Soviética. Para que el público no condenara esta concesión, se mantuvo oculta por varios años.

Cuando alguien cambia los términos del acuerdo piensa si todavía te conviene ese acuerdo. (No juzgues, solo piensa si te conviene o no).

A quienes representaban los mandatarios les podría parecer que el pacto no fue justo para ellos. El experto negociador y asesor de presidentes, William Ury (1991) en su libro *Supere el No*, explica que debemos ayudar a la contraparte a redactar el discurso de la victoria. Además, se hace la siguiente pregunta: «¿Qué podría ofrecer usted para ayudar a su oponente para que explique las cosas con un discurso victorioso?» El primer ministro soviético puede anunciar la retirada victoriosa de los misiles soviéticos de Cuba (objetivo de Kennedy), y sus seguidores del mundo comunista sabrían que él había salvado al pueblo cubano de un ataque estadounidense. Al finalizar esta crisis, ambos presidentes se ayudaron a redactar el discurso de la victoria del otro, porque ni Kennedy ni Kruschev podían permitirse ser vistos como líderes débiles por parte de sus ciudadanos.

Por lo antes dicho, ayudar a tu contraparte a ver los puntos positivos de su victoria es una excelente estrategia al negociar. Entonces, debemos presentarle los beneficios del acuerdo, que le ayudarán a defenderlo, en caso de ser criticado por otras personas que se verán afectadas tras la firma del contrato.

Todos queremos terminar bien y de una forma exitosa. Por eso, nuestra tarea es educar a la contraparte para que pueda ver las ventajas y beneficios del acuerdo. En esos momentos finales, debes traer a la mesa el poder de enseñar. Pero lo que no podemos hacer es rendirnos, sentirnos frustrados y no darle importancia a esta última etapa, porque pagaremos las consecuencias.

Nunca des nada material a cambio de una ilusión espiritual, todo debe tener un precio.

La contraparte reconoce que le estás solucionando esa parte negativa de su día a día, pero como ser humano siempre se cuestionará sobre si el acuerdo que le ofreces es lo mejor para él. Como vimos anteriormente, la duda y el miedo forman parte de nosotros y tenemos que explicarle en qué forma lo ayudaremos.

Siendo lo más específico posible, explicamos detalladamente al héroe que su resultado es triunfante y ayudamos a concluir su victoria. Esto traerá como consecuencia que la implementación sea más fácil. Los negociadores inteligentes muestran el dominio de este marco o discurso de victoria a lo largo de la interacción. Con ese marco, les mostraremos hacia dónde los llevamos y les explicaremos lo que han logrado. A todos nos gusta que nos expliquen y que nos muestren que hicimos lo correcto, para convencernos de ello.

Para alcanzar una negociación exitosa, como en la crisis de los misiles de Cuba, debemos revelar a toda la gente a nuestro alrededor que llegamos a ese valioso premio con un progreso, beneficio y logro mutuo. Estamos en ese momento en el que podemos establecer sinergia entre ambas partes; consiguiendo progreso, acuerdo, concesión, y señalando que su implementación va a ser satisfactoria.

Si bien la idea central de la solución puede haber surgido de tu equipo, este es el momento de repartir los méritos con tu héroe, lo cual constituye una excelente forma de fortalecer tu relación y facilitar tus futuras conversaciones.

Hemos decidido llegar a un acuerdo con la contraparte y también afrontar los otros desafíos, no porque sean fáciles, sino porque son difíciles. Esta victoria servirá para fomentar una mejor relación con el héroe y construir nuestras mejores actitudes, porque ahora vendrá la implementación, que es un desafío que estamos dispuestos a aceptar, pero que no estamos dispuestos a posponer.

Tenemos que hacer que nuestro héroe entienda que juntos vamos a lograr los objetivos. Es necesario inspirar y activar la ambición de ambos para materializar y lograr ese triunfo. Buscar la manera de que todos puedan beneficiarse es la única garantía de éxito en el tiempo y en la implementación correcta del acuerdo.

11.1- ANTES Y DESPUÉS

Cuando estamos escribiendo la victoria, debemos tener presente lo siguiente:

1. ¿Qué es lo que tiene ahora y qué es lo que va a lograr con esto? Hay que llevarlo a este punto.
2. ¿Cómo se siente con estos resultados? Ayudarle y explicarle los sentimientos que tuvo y los que tiene ahora. Hacerle entender que su problema estará resuelto cuando su dolor esté solucionado. Y cómo se sentirá cuando llegue a ese punto.
3. ¿Cómo usará el acuerdo y los resultados de lo que se negocia? Si es con un automóvil, por ejemplo, cómo lo usas y, si me lo compras, cómo lo vas a usar. Se trata de marcar un antes y un después. Cómo transcurre tu día, antes y después de alcanzar los resultados esperados.
4. ¿Qué status vas a lograr al obtener este acuerdo negociado? Vas a tener que analizar si superas tu *status.* Mostrar el éxito que estás logrando es clave, tienes que pensarlo. Y, en este

punto, te pido que analices el antes y el después de lo que normalmente haces, de lo que sientes y piensas y en el status que vas a tener cuando logres el éxito en una negociación. Si trabajamos en esto, podemos traer cosas a la mesa que impactan y que van a ser definitorias para un cierre. Cambiará tu compañía, eso te lo aseguro. Cómo tu producto, tu servicio se debe exponer, y se debe comentar para que ese otro se sienta con confianza en que la decisión que tomó fue la mejor, y que sienta que eres tú la persona que debe seleccionar para que lo ayude.

11.2- EL FINAL DE LA HISTORIA

El profesor de Harvard Deepak Malhotra, en su libro *Negociar lo imposible*, señala que «Siempre les pido a mis alumnos y a mis clientes que reflexionen detenidamente, no solo sobre cuánta riqueza están proporcionando a la otra parte, sino también sobre la manera en que ésta y su audiencia considerarán la oferta.» No podemos quedarnos al final sin estar seguros de que estamos todos contentos. En este sentido, Malhotra agrega «Si no se nos ocurre la manera de que puedan interpretar el acuerdo como una "victoria", podemos tener problemas.» Lo que queremos mostrarle al otro es que la resolución del problema es el final de la historia, es aquí donde termina el dolor o preocupación y comienza la etapa de superación de las dificultades. Este momento presenta menos ansiedad, porque ya empezamos a trabajar para solucionar y acordar. La concesión que el héroe realizó era adecuada y necesaria, era una de las formas de tranquilizar la ansiedad. Es como toda historia con final feliz: el héroe besa a la chica, salva a la ciudad de la catástrofe; el caballo gana la carrera, termina algo que satisface la resolución. Ya no está la pregunta: ¿será que lo pueden lograr?, sino que se concreta, y es aquí donde se materializa todo lo que se ha querido y pedido.

En toda interacción con otra persona es clave controlar la impresión final que se deja plasmada en la mente del otro.

Luego del acuerdo, es fundamental controlar la etapa de la euforia por el éxito obtenido, pues debemos evitar que el otro piense que le hemos sacado ventaja. Nuestra celebración debe reflejar lo que ellos lograron. Si nuestra celebración es la que sobresale ¡ten cuidado!, porque luego te van a pedir otra cosa. Seguramente un email llegará al otro día, pidiendo algo adicional: que el flete lo pagues tú, que haya una mejora en algún punto del acuerdo, etc.

Repasemos cómo el héroe va a vender el convenio, y expresemos la proposición apelando a quienes son las personas a las que él reportará. ¿Cómo va a terminar la historia del héroe? Debemos decirle al héroe que obtuvo un triunfo. El denominador de este éxito que él puede mostrar es que hay un acuerdo, y que lo hemos logrado gracias al trabajo de ambos. Además, hay una experiencia de realización, de saber que el problema se está resolviendo.

Cuando hicimos referencia a la posición ganada o al poder, en la primera parte de este libro, te comentaba que lo que estamos haciendo es demostrar la intención de resolver el problema, dejando claro que es así, que el protagonista por fin va a poder superar algo que necesita resolver. Si sabemos mostrarle al otro que, finalmente, ha alcanzado esa solución, entonces se sentirá realizado y confiará en nosotros y en nuestra guía.

Al ayudar a tu protagonista a narrar la victoria podrás observar cómo disminuye su ansiedad y cómo la percepción del resultado le produce un alivio, lo cual lo lleva a sentirse satisfecho con el acuerdo logrado. Y, a sus ojos, tú serás el responsable de esa satisfacción.

Muy poca gente se prepara para decir lo bueno que va a pasar cuando logremos la negociación. Cuando sabemos decirlo; cuando le mostramos a nuestro protagonista esa identificación asociada con la finalización de ese problema, con el éxito que redefine su estatus, es cuando más se enamoran de nosotros y de su propia película.

Si sabes que es imposible lograr un acuerdo hoy, genera valor a futuro para llegar al resultado esperado.

Preservar la relación y la buena comunicación es esencial porque, aunque tú hayas logrado satisfacer los intereses del héroe, él podría oponerse si le parece que no le está beneficiando lo suficiente. Estamos buscando alcanzar muchas decisiones en un corto periodo de tiempo, algo que el héroe puede no comprender, por lo cual te recomiendo educar y no presionar. La tranquilidad para poder analizar el acuerdo, los intereses y la forma en cómo se llegará a los resultados son elementos claves para lograr que el protagonista visualice su victoria y justifique las concesiones que nos ha hecho.

Es más simple de lo que tú piensas: ayudar y no presionar. Tenemos que movernos con confianza. Y si la contraparte está invirtiendo el tiempo es porque comprende, pero no todo está claro para él. De allí que debemos escribir su victoria. Un logro en el que él es el héroe y tú el guía que lo ha llevado a buen puerto.

Para apoyarte en tu aprendizaje y para que puedas entender mejor la aplicación de los conceptos emitidos en este capítulo, te invito a revisar los documentos y videos que podrás encontrar en la siguiente página web:

www.nuncatemasnegociar.com

12
PREPARACIÓN

Al no prepararte, te estás preparando para fallar.

— Benjamín Franklin

Nick Sapan, coordinador defensivo del equipo de basquetbol de los *Cleveland Brown*, salió de su casa llevando consigo solo un block de hojas amarillentas. Este cuaderno contenía miles de anotaciones que había escrito a lo largo de su trayectoria, en las que explicaba en detalle sus estrategias como entrenador. Ese día se dirigía a una entrevista para intentar obtener el puesto de *head coach* y así poder entrenar a los *Michigan State Spartans,* un equipo que siempre había soñado dirigir. Por otra parte, si obtenía el trabajo, lograría un gran ascenso en su carrera. Pero él no era el único aspirante al puesto, sino que muchos entrenadores se presentaron a la entrevista.

La clave del éxito es la preparación, si estás listo ¡actúa!, si no, invierte tu tiempo en la preparación.

En otro escenario, pero en las mismas circunstancias de tener que presentarse a una entrevista para optar a una nueva posición, estaba Andy Reid, entrenador de fútbol americano, que llevaba nada menos que seis tomos escritos por él a lo largo de dieciséis años, donde detallaba todas las tácticas que implementaría si lograba el puesto de *coach.* La oportunidad le llegó cuando se presentó como aspirante al codiciado puesto de entrenador del equipo *Philadelphia Eagles.* Cuando le correspondió su turno de ser entrevistado por los dueños y el presidente del equipo, tomó la palabra, abrió sus libros y explicó en detalle cómo usaría su experiencia al servicio de los intereses de la organización.

A esta altura es importante que tengas claro que en todas las circunstancias de la vida existen dos tipos de personas: los que se preparan y los que dejan todo a la suerte. Dentro de la gente que se prepara están los que solo responden preguntas, y están los inteligentes que ofrecen un valor agregado: tienen claras las necesidades de su contraparte y demuestran que pueden satisfacerlas.

¿Cómo marcaron la diferencia los dos exitosos entrenadores? Se prepararon en detalle para resolver las necesidades de los equipos; demostraron que eran perfectos para el cargo y lo lograron, fueron los contratados. Evidenciaron que estaban dispuestos a resolver los obstáculos de sus héroes.

En este momento quisiera que reflexiones sobre algunos aspectos de las historias que te conté. Por ejemplo: ¿qué resultados habría obtenido Nick si se hubiese presentado sin prepararse? Imagínate que empieza a hablar y solo se centra en su experiencia como entrenador, pero sin tomar en cuenta las necesidades y problemas del equipo de *los Michigan State Spartans.*

¿Qué habría pasado sí Andy nunca se hubiera tomado el tiempo de escribir todos esos tomos a lo largo de su experiencia como *coach*? Es seguro que no estaríamos leyendo sus historias, si no se hubiesen preparado generando alternativas para lograr el éxito de sus equipos.

En este punto específico, te cuento que hace tiempo aprendí algo muy importante que he aplicado con éxito a lo largo de mi vida: *no planear, es planear para perder.*

Lo que tienen en común ambas historias es que estos dos ambiciosos entrenadores fueron contratados y lograron extraordinarios resultados con sus equipos. Quiero que entiendas que la gente preparada es abierta de mente, toma la acción en sus manos y sabe que la clave es estar siempre listo.

De más está decir que estas dos personas ambiciosas fueron las que lograron tener extraordinarios resultados en sus equipos. Con esto, quiero mostrarte la gran diferencia que busco que implementes en tu vida a partir de este momento. La gente preparada no solo piensa lo que quiere, sino que también toma acción día a día, siendo personas que al levantarse tienen claro que no se trata de tener suerte, sino de estar preparado. ¡La clave es estar siempre preparado!

Algunas personas, para justificarse, afirman que son las indicadas, en esos momentos y para esos cargos, pero que no son tomadas en cuenta. En las historias arriba citadas, los aspirantes a esas dos altas posiciones se prepararon durante una gran parte de su vida, y se presentaron a la entrevista en el momento en el que consideraron que tenían todas las credenciales para obtener el puesto. Por eso, cuando les hicieron las preguntas básicas, pudieron demostrar, con los resultados de sus trabajos, que realmente estaban capacitados para el cargo y que tenían mucho interés en lograr la posición. Los dos demostraron lo que habían aprendido de ese negocio y cómo esa experiencia podría ayudar al trabajo del equipo para lograr mejores resultados.

Tal como te expliqué, es necesario demostrar por qué se es la persona ideal para el trabajo. Es allí donde Nick y Andy se diferencian, sin lugar a dudas, de los otros potenciales candidatos. ¿Por qué? es simple: los otros entrenadores se sentaron en la silla y no presentaron nada que los hiciera destacar; solo escucharon atentamente lo que se les preguntó y «siguieron el viento», reaccionando a cada una de las preguntas de forma correcta, pero solo siguieron el patrón de acción que les planteaban sus interlocutores.

Para obtener el éxito es fundamental realizar una planificación estratégica que permita ver todos los aspectos de nuestra preparación. No podemos dejar de prepararnos. Y el tiempo dedicado a ello es el tiempo mejor invertido. Esto incluye visualizar y planificar todo aquello que queremos lograr, a quién y cómo influir. Produciremos mejores resultados si comprendemos qué es lo que queremos lograr y lo diagramamos en un plan. Eso nos dará claridad mental al momento de interactuar con nuestra contraparte. Recomiendo dedicar por lo menos dos horas de preparación por cada hora de reunión.

Si nosotros no poseemos una sólida preparación, vamos a terminar perdiendo nuestro tiempo debido a que no podremos controlar los diversos factores que necesitamos analizar y, como consecuencia, no será posible trabajar de forma efectiva y eficiente, que es lo que se logra solo cuando ya hemos interpretado, analizado y estudiado todos los factores que intervienen en la negociación.

Para prepararnos adecuadamente, podemos comenzar respondiendo a las siguientes cuatro preguntas:

1. ¿Cuáles son los intereses que te mueven en esta negociación y cuáles son los que mueven a tu contraparte?
2. ¿Cuáles son las opciones para satisfacer los intereses de ambos?
3. ¿Qué normas o regulaciones seguiremos para solucionar las discrepancias que se presenten? Esto son factores legales o costumbres culturales.
4. ¿Cuáles son las alternativas, si no vemos un acuerdo?

12.1- LAS PREGUNTAS DE PREPARACIÓN

A continuación, te propongo un listado de las 10 preguntas más importantes para tu preparación[24].

1. **¿Qué es lo que yo quiero lograr en esta negociación?**
2. **¿Por qué lograr el objetivo es importante para mí?**
3. **¿Cuáles son los problemas principales que se van a tratar en la negociación?**
4. **¿Identificar cuáles son mis objetivos principales?** (que no puedo ceder)
5. **¿Cuáles son mis objetivos secundarios?** (que puedo ceder)
6. **¿Qué haremos si acabamos sin el acuerdo?** Identifica las posibles alternativas a seguir si no podemos lograr un acuerdo, o BATNA. Esto es clave para entender en dónde estamos parados. Aquí debemos interpretar todas las posibles alternativas que puedan surgir, porque estas alternativas proporcionan una cuota de poder en la mesa de negociación y nos van a ayudar a interpretar qué tan ligado debo estar con respecto al héroe y qué tanto lo necesito para lograr un acuerdo. Mientras mejores y más alternativas tengamos, mayores van a ser los poderes que vamos a tener en la mesa. Mientras menos alternativas poseamos, menos poder vamos a tener en la mesa de negociación. A estas alternativas, el

---

[24] Para ver más ejemplos y profundización sobre preguntas de preparación visita: https://www.linzoain.com/Preguntas

método de la Universidad de Harvard las denomina BATNA: *Best Alternative To Negotiated Agreement*. Debemos identificar todas las posibles alternativas que podríamos perseguir si no se obtuviera el contrato y calcular el valor asociado a cada alternativa.

7. **¿Cuáles son los problemas reales que quiero resolver?** Existe una gran diferencia entre lo que *queremos resolver* y lo que *debemos resolver*. Debemos realizar una lista de lo que queremos lograr y focalizarnos en las soluciones.
   Yo tengo que negociar con ___________________ (persona) para resolver_______________ y ___________ (problema).
   Por ejemplo: yo tengo que negociar con **Pablo** para resolver **honorarios** y **formas de entrega de los trabajos.**
8. **¿Quién es la persona que tiene poder de decisión, a la cual tengo que persuadir?** Es importante identificar si la negociación se realizará con un agente o con el principal. El agente es una persona que representa al principal, y el principal es la persona encargada de tomar las decisiones finales. ¿Por qué esto es importante? Porque si estamos negociando con un agente tenemos que persuadirlo a él, de forma tal de que él persuada al principal, y también debemos dejarle en claro que si hay modificaciones a nuestra propuesta también tendremos la posibilidad de modificarla después de que el principal las haya analizado. Debemos tener siempre en consideración que, si nos cambian algún elemento de la

propuesta, también tengamos que cambiar algo de la negociación.

9. **¿Qué relación quiero tener en el futuro con mi contraparte, y por qué?** Hay que analizar si con nuestro héroe tendremos una relación futura, y estudiar la mejor forma de manejar las diferencias. ¿Y por qué debemos analizar esto? Muchas veces sucede que, al conocer una determinada persona, negociamos una vez y, como está dentro de nuestro círculo personal, vamos a volver a negociar con ella. Por eso, siempre debemos tener cuidado de generar valor para ambos, negociar con principios, buscar un ganar-ganar, sin ceder lo nuestro.
10. **¿Qué obstáculos/oportunidades voy a tener que superar y cómo?** Enuméralos. Debes hacer tu *checklist* con cada problema y las respectivas oportunidades que nos brindan en la mesa. Es muy importante estar conscientes de los obstáculos, analizar cómo podemos superarlos, y tener claras las oportunidades, para poder venderlas efectivamente.

12.2- ESTRATEGIA

Siempre debemos tener presente que, en el arte y ciencia de la negociación, estamos aprendiendo y adaptándonos a múltiples situaciones y escenarios. El buen negociador se ve enfrentado no solo con la necesidad de ser flexible, sino también con la obligación de improvisar. La preparación estratégica permite que no te sorprendan y que tengas más tiempo para pensar durante la negociación, debido a que estás más familiarizado con los elementos en discusión. No podemos prepararnos del todo para lo imprevisto, pero podemos anticipar y conocer mejor lo que nos puede tomar por sorpresa.

Estar al tanto de todos los elementos a negociar, desde el principio, genera una fuerza estratégica para lograr eficacia en nuestras interacciones, cara a cara, por teléfono o por escrito. En este proceso, el ganador es el que sabe preguntar y pedir ideas, por ejemplo: ¿cuál de estas opciones es la menos atractiva para ustedes? ¿Cuáles son las razones de ello?

Para construir una estrategia exitosa, debemos considerar los siguientes aspectos, que siempre deben ser tomados en cuenta antes de ir a la negociación:

1. Pensar qué otra información adicional necesitamos. De estos problemas que tenemos presentes, cuáles de ellos son *distributivos* (es decir, que, si nosotros tenemos/logramos algo, ellos no lo van a tener/perder). Por ejemplo, *el precio*. Si yo logro pagar un precio menor, mi contraparte va a obtener una menor utilidad. Debemos saber también cuando son problemas que podemos trabajar en la forma cooperativa o integrativa, es decir, aquellos en los cuales las dos partes podemos ganar.
2. Tener claridad respecto de cuáles son las personas con las que debemos comunicarnos o contactar para entender más sobre

el héroe o los problemas que estamos negociando. Hacer trabajo de *networking* genera opciones y alternativas. Esto es muy importante.

3. Preguntar: ¿qué estrategias y tácticas vamos a implementar, de todas las que disponemos, para lograr el éxito? Es decir, «qué» vamos a implementar y «cómo» vamos a hacerlo para obtener los objetivos planteados, de forma tal que podamos acercarnos paulatinamente a un acuerdo. Por ejemplo: cuando armamos nuestra estrategia, resulta efectivo tratar de dividir los problemas complejos en pequeños problemas. La idea es fraccionarlos para ver si esos grandes problemas tienen soluciones más simples, o si se pueden dar soluciones por algo mucho más económico para nosotros. La interpretación de un problema grande mediante la técnica de la división en problemas más pequeños nos va a ayudar, en la estrategia de la negociación.
4. ¿Podemos armar paquetes de opciones que generen un mejor valor para nosotros y, al mismo tiempo, generen una mayor satisfacción al héroe? ¿Cómo podemos explotar estos paquetes de opciones? Cuando proporcionamos paquetes de opciones podemos mostrar una amplia gama de soluciones. Por lo general, si pedimos el precio del producto también estamos pidiendo la entrega. Y siempre hay todo un paquete de opciones distintas que, seguramente, van a influenciar en el resultado final. Podemos considerar, también, ser muy generosos en algo, solo si nuestra contraparte se muestra

flexible en otro aspecto; por lo que, si armamos un paquete de opciones, tendremos más oportunidades de hacer mejores negocios.

5. Analizar siempre si, en determinadas circunstancias, la mejor alternativa es retirarse de la mesa. En efecto, si consideramos que no se logra (ni se logrará) ningún tipo de avance y que lo que sigue es la pérdida consecuente de tiempo para nosotros y nuestra contraparte, puede ser aconsejable interrumpir la negociación y pedir que sea retomada en otra ocasión, por falta de avance.
6. ¿Cuáles son los argumentos más efectivos que van a ayudarnos a influenciar al héroe? Es decir, cuáles son los argumentos que nos van a ayudar a comenzar a trabajar de lleno en la negociación, y que se discuta sobre lo que a nosotros nos interesa. De allí la necesidad de que los argumentos sean sólidos y muy válidos, ya que esto nos va a permitir tener mayor satisfacción al final de la negociación. Existe una táctica: desarrollar en una hoja común lo que vamos a otorgar en esta negociación, hacer una lista de las cosas que estamos dispuestos a dar y enumerarlas en un *checklist*. Esta hoja no puede ser compartida, es solo para nosotros. Por otro lado, debemos tener muy claro qué es lo que estamos dispuestos a pedir. Y como la gente siempre tiene más miedo a pedir que a dar, es clave saber lo que deseamos solicitar en la negociación.

7. Por último, si ya posees experiencia en este tipo de negociación te recomiendo que, con tu equipo o tú mismo formules estas preguntas: ¿En dónde puede ser normal que quedemos estancados? ¿Qué es lo que nos puede detener e impedir que avancemos? Es de suma importancia tener en claro cuáles pueden ser esos factores de detención y, además, qué debemos hacer si se presentan. Estas dos preguntas van a servir para prepararnos en el proceso de la negociación, tenemos que verlas muchas veces, incluso aunque no tengamos experiencia en la materia, y entender en qué zonas, situaciones o momentos es probable que nos estanquemos, bien sea por la razón que sea.

A partir de lo que acabamos de analizar, busca cuidadosamente comprender el marco conceptual que discutimos en el capítulo 7, para establecer las líneas estratégicas y enmarcar el problema adecuadamente, tal como te lo presenté con el ejemplo de la forma cómo George H. W. Bush enmarcó su negociación con los líderes, en el momento de la Guerra del Golfo de 1991. Para evitar errores y sesgos, el trabajo comienza en la preparación. El concepto es simple: a mayor preparación, menor cantidad de errores cometerás.

12.3- LA PREPARACIÓN PARA EL MANEJO DE LAS EMOCIONES

De la escuela de derecho de la Universidad de Columbia, la profesora Alexandra Carter (2020), en su libro Ask for More, clarifica el tema de las emociones con un ejemplo fantástico: «No podemos evitar experimentar sentimientos en la negociación. Una vez leí un artículo que comparaba astutamente la emoción humana con un volcán. Los volcanes son generativos: crean islas que finalmente tienen vida vegetal y animal. Pero también pueden ser destructivos. El flujo de lava puede destruir la propiedad y la vida misma. Al igual que con los volcanes, no puedes evitar que las emociones humanas entren en erupción. Pero con la preparación, puedes dirigir el flujo de lava hacia el mar en lugar del pueblo, maximizando así el beneficio y minimizando cualquier daño».

Crear el hábito mental de prepararnos ayuda a optimizar el resultado de cada reunión y facilita el entendimiento de nuestro progreso estratégico en la negociación.

Una vez identificados tus objetivos es importante tener muy claro y entender lo que se va a lograr. Pero ten en cuenta que, así como debes planificar el objetivo material que quieres lograr, también tienes que analizar y anticipar lo que se va a obtener en el aspecto humano con respecto a la otra persona. Estos logros pueden tener que ver con la reputación, la forma de trabajar o la posibilidad de generar acuerdos en el futuro. También debo anticipar cómo me voy a sentir si se presentan situaciones negativas, y si estos momentos adversos pueden poner en riesgo los resultados esperados.

Mientras mejor preparados nos encontremos, tendremos menos tentación de actuar por impulsos y podremos manejar mejor nuestras emociones. No podemos permitir que, después de todo el trabajo realizado, fallemos por causa de nervios, de ansiedad, o de cualquier otro tipo de emociones que nos afectan mentalmente. En otras palabras, decimos que las emociones son inevitables, pero con preparación puedes estar listo para dominarlas y, calando más profundo, usarlas a tu favor.

Siempre es necesario realizar una reflexión al final sobre el aspecto estratégico y preguntarnos cómo vamos a construir ese capital humano y cómo vamos a manejar nuestras emociones para lograrlo, en especial, las emociones negativas que nos ponen en riesgo. Es aquí cuando debe salir a relucir nuestra preparación mental, que es lo que va a ayudar a entender el momento en el que estamos.

En definitiva, debemos tener plena conciencia acerca de nuestras emociones, saber reconocerlas cuando aparecen y aprender a dominarlas. Por ello, si no estamos siempre atentos a nuestro sentir, podemos llegar a actuar «empujados» por dichas emociones, en lugar de movernos con la mente fría y analítica. Recuerda: si pierdes tu control emocional… perderás la negociación. Y lo mismo debes hacer en torno a tu contraparte: analizar pequeños indicadores de su estado emocional. ¿Habla en un tono más elevado de repente?, ¿su gesto se ha tornado adusto?, ¿mueve su pierna sin parar? Si bien no es posible «leer» las emociones del otro como si de un libro se tratase, si resulta absolutamente factible que estés muy atento a esos pequeños cambios y aprendas a interpretarlos como una variación del tono emocional de tu protagonista. Así, estarás mucho más atento a lo que él diga o haga.

La inteligencia emocional la desarrollamos mediante la comprensión y gestión de nuestras propias emociones y las de los demás, lo cual aumenta la conciencia y desarrolla nuestra capacidad para mantenernos concentrados.

Hay una correlación directa entre una buena preparación y la obtención de buenos resultados. Cierres o no el acuerdo, la buena preparación genera mejores alternativas para satisfacer tus intereses.

Antes de la negociación realiza este trabajo mental previo, para identificar las emociones negativas y positivas que puedan surgir de dicha negociación.

A continuación, te propongo una lista de emociones positivas y negativas que pueden surgir antes, durante o después del proceso de negociación. Solo te las planteo como ejemplos, para que te mires a ti mismo y puedas identificar tu propio flujo emocional:

Emociones Positivas		
- Me interesa positivamente esto.	- Me siento agradecido.	- Me siento feliz.
- Me siento esperanzado.	- Me siento emocionado.	- Me siento orgulloso.
- Me siento «liberado».	- Me siento mejor que cuando comencé el proceso.	- Siento admiración por…

Emociones Negativas		
Me siento enojado.	Siento envidia.	Me siento culpable.
Siento desprecio por esta persona.	Siento celos.	Me siento resentido.
Me siento triste.	Me siento preocupado.	Me siento fuera de lugar.
Siento que estoy absolutamente en contra de esta persona.	Siento que tengo que «combatir» con el otro.	Me siento sin energía.

Tener en cuenta estas emociones nos va a ayudar a entender en qué momento estamos y cómo nos sentimos. Y ello, a su vez, nos permitirá hacer un balance de nosotros mismos, para monitorear si el proceso marcha de acuerdo a lo preparado o si surgen «alarmas» emocionales, que indican que debemos detenernos y volver a nuestro eje, antes de seguir negociando.

Es fundamental conocer las razones por las cuales experimentamos algún tipo de sentimiento durante el desarrollo de una negociación. Y si se trata de emociones negativas, reconocerlas y ser conscientes de ellas es más importante para que no dañen el proceso. En tal caso, si las experimentamos, deberemos preguntarnos la causa de ello y, una vez reconocidas las razones, hacer a un lado las emociones negativas, diciéndoles «quédese acá porque nosotros vamos allá a obtener un acuerdo y, además, lo necesitamos».

De acuerdo a lo que hemos visto y analizado hasta el momento, podrás concluir que todo tiempo dedicado a la preparación (estratégica, de objetivos, mental y emocional) es tiempo invertido en asegurar que el proceso de negociación siga las vías que tú deseas.

La preparación nos ayuda a mostrarnos más seguros de lo que discutimos u opinamos. Confiar y respetar se hace más fácil si ambas partes realizan las tareas para lograr un buen acuerdo, ayuda a la sinergia de ideas. Los expertos en negociación de Harvard, Deepak Malhotra y Max H Bazerman en su libro *El Negociador Genial*, lo expresan de esta forma: «Cuanto más preparados parezcamos, menos personas querrán mentirnos. ¿Por qué? Porque si tenemos aspecto de estar preparados, haremos que los otros piensen que podríamos detectar cuando están mintiendo, haciendo así que sea arriesgado».

Para apoyarte en tu aprendizaje y para que puedas entender mejor la aplicación de los conceptos emitidos en este capítulo, te invito a revisar los documentos y videos que podrás encontrar en la siguiente página web:

www.nuncatemasnegociar.com

13
ESCUCHAR PARA COMPRENDER

La mayoría de las personas no escuchan con la intención de entender; escuchan con la intención de responder.

Stephen R. Covey

Muchas veces nos gusta leer historias de personas que hicieron bien las cosas. Así aprendemos. Pero también es interesante revisar relatos en donde los involucrados se encargaron de hacer todo lo que NO debían en un proceso de negociación.

¿Conoces la Liga Nacional de Hockey sobre hielo, conocida también como la NHL? Es una liga profesional norteamericana de hockey, formada por franquicias de Canadá y Estados Unidos. Y aquí te voy a contar una cronología de desencuentros entre los propietarios de la liga y sus jugadores.

- 1992: una huelga de los jugadores que duró diez días. Como resultado se pospusieron 30 juegos de la temporada 1991-92
- 1994-95: un cierre patronal por parte de los dueños. Se pierden 468 juegos.
- 2004-05: un bloqueo que duró 10 meses y 6 días. La NHL canceló las temporadas de ambos años. La liga se desintegró, debido a que muchos jugadores emigraron a otras ligas, volvieron a sus países de origen o dejaron el hockey para siempre.
- 2012-13: otro bloqueo patronal. La NHL acorta la temporada regular de 48 partidos. Este bloqueo provocó una pérdida financiera para todos los involucrados en la NHL (perdiendo aproximadamente $ 20 millones por día), hasta la asociación de jugadores (perdiendo $ 8-10 millones por día en salarios) y la oficina de la liga (el pago de los empleados se redujo en un 20%).

Para empeorar la situación, en Canadá y en EE. UU., el comercio cercano a las arenas de la NHL se vio afectado por la ausencia de gente debido al cierre patronal. Las loterías canadienses también perdieron mucho dinero y pasó lo mismo con la cervecería Molson-Coors.

Te cuento esa historia para que entiendas que los dueños de la liga y los jugadores perdieron mucho por no querer escucharse unos a otros. Por varios meses, y hasta años, se suspendieron temporadas completas de hockey, enfriando a la liga y a los espectadores que seguían a sus ídolos. Todo esto debido a que ninguno de los negociadores involucrados bajó la guardia. Además, durante las conversaciones, cada uno se limitó solo a presentar sus propias aspiraciones, desconociendo por completo las de la otra parte. Así, ambos actores se negaron a escuchar para comprender, debido a un inútil juego de poder y a una postura obstinada que buscaba adversarios donde no los había, en lugar de buscar aliados para salir juntos de la situación crítica.

Busca siempre entender para ser entendido.

Debes tener en cuenta que en una negociación siempre lo mejor es que logremos satisfacer nuestros intereses personales, pero al mismo tiempo el héroe debe obtener los suyos. Ambas necesidades deben estar en armonía. La estrategia es ganar y que el héroe tenga la certeza de que también ganó. Si ambas partes se escuchan para comprender al otro, van a alcanzar un verdadero entendimiento a largo plazo. Así lograrán objetivos en común, sin caer en juegos de poder destructivos, que provocan pérdidas de confianza y de dinero.

Es muy fácil escuchar cuando el otro piensa como nosotros. La situación se complica cuando nuestra contraparte no ve las cosas como nosotros las vemos. Y ello nos pone incómodos y reacios a escuchar.

Cuando te veas en una situación en la cual tu protagonista manifiesta opiniones contrarias a las tuyas, e incluso controvertidas o que pueden ofenderte, debes resistir el primer impulso de rechazarlas e intentar convencerlo de que está en un error y que tú eres el acertado. Por el contrario, trata de escuchar y preguntar, porque estas ideas son una oportunidad para tu aprendizaje. Oír al otro te ayuda a alcanzar una mejor comprensión de su forma de pensar. Y si puedes comprender la forma de pensar de tu protagonista, que casi siempre será diferente a la tuya, podrás comprender su punto de vista, «ponerte en sus zapatos» y razonar mejor con él. Recuerda: escuchar para pensar y aprender no significa que seas débil. Todo lo contrario: solo los inseguros son obstinados y jamás cambian su punto de vista.

Es muy probable que, al leer esto, pienses de inmediato en esa persona con la cual te ha resultado muy difícil tratar. Has querido convencerla, o incluso razonar con ella, en términos lógicos… pero nada, no hay caso. Y quizá se trata de un compañero de trabajo, tu jefe, un cliente, o incluso tu exesposa. Pero recuerda, por eso estás leyendo este libro, para dejar de hacer siempre lo mismo y poder cambiar tus resultados.

En capítulos anteriores hablamos acerca de las tres partes en las que se divide nuestro cerebro: Reptiliano (supervivencia inmediata), Límbico (emociones) y Neocórtex (razonamientos). Yo sé que a muchos de mis lectores no les gusta hablar sobre estas cosas porque les suena un poco complicado. Pero sucede que es imprescindible comprender cómo nuestro cerebro recibe la información y la procesa, ya que de allí surge la decisión de resistirse a las ofertas, o de aceptarlas. Cuando entendemos esto, logramos una gran ventaja y transmitimos nuestro mensaje con claridad.

Para controlar tus emociones y comprender tus iniciativas es fundamental utilizar la pausa.

Por eso, quiero que distingas lo importante que es comprender la estructura mental de un negociador (en el marco de las tres partes del cerebro: Reptiliano, Límbico y el Neocórtex) para que toda la tarea posterior te resulte mucho más fácil.

Es muy simple. Para obtener la atención de una persona tenemos que escucharla y al mismo tiempo saber cómo se siente: si está enojada, triste, irritada o amenazada. Por eso, es imprescindible dirigirnos a la parte humana correcta en el momento de la interacción. Si le hablamos en forma lógica al cerebro reptiliano —supervivencia— o al Límbico —emociones— no nos vamos a comunicar en forma efectiva, porque estamos en una situación en que la persona no nos presta atención con su lógica. Entonces, debemos poder identificar esta situación para saber qué parte del cerebro está utilizando el cliente, porque no es bueno darle mucha información al reptiliano, o darle información sin lógica al Neocórtex. En síntesis, si queremos transmitir mucha información lógica solo lo conseguiremos entrando en contacto con el Neocórtex, porque es donde manejamos el razonamiento.

En su libro *La inteligencia emocional*, Daniel Goleman utiliza una frase clave en esto de escuchar: el «secuestro de la amígdala. Si no sabemos escuchar, nuestra parte racional se paraliza y no funciona. El uso del término «secuestro» es muy acertado por parte del autor, debido a que la amígdala se siente amenazada en el momento en el que detecta que hay algo extraño, lo cual la lleva a protegerse, por lo que reacciona peleando o escapándose. Para llegar a comprender esto, debemos tener en cuenta que la amígdala es una estructura cerebral encargada de discriminar emocionalmente lo que es mejor para la propia persona. Por esto se dice que es «secuestrada», debido a que la parte inteligente, —sensible y frontal de nuestro cerebro— no está en control: la habilidad del razonamiento muere, la adrenalina sube muchísimo y esto nos hace pensar y tener décimas de segundo para reaccionar. Estamos muy sensibles, sentimos que nos pueden estar atacando, y la amígdala nos envía el mensaje de que estamos en peligro. Entonces nos bloqueamos y no prestamos atención a nadie, solo queremos estar a salvo.

Sin duda, Goleman es muy preciso en esta parte, debido a que la inteligencia emocional, en ese momento, se va por la ventana. Por ende, si la persona que estás tratando de influenciar está en modo de *amígdala secuestrada,* te vas a encontrar perdiendo tu tiempo, ya que no hay forma de que esa persona te preste atención, dado que su cabeza está fuera de control. Esto pasa muchas veces cuando estamos tratando de influenciar y persuadir al héroe, debido a que esa persona, en los primeros segundos —de 4 a 7 segundos promedio— piensa si está perdiendo el tiempo o no. Y si la amígdala es secuestrada, la persona va a tratar de cerrarse a toda costa.

Ahora te propongo que tomes en cuenta los siguientes puntos cuando te encuentres con una persona que se traba en una negativa, con tan solo haber escuchado algunas palabras tuyas:

1. Si te encuentras con un rechazo inicial, por parte de tu protagonista, no te obstines en convencerlo de inmediato. Porque si lo haces, estarás actuando igual que él, es decir, reaccionando desde el cerebro reptiliano diciendo «tú me dices no, yo también te digo no a tu no». Y así, jamás saldrás del atolladero.
2. Aprovecha esa ocasión de la negativa inicial para investigar más sobre cómo se siente el héroe porque esas preguntas son esenciales ya que el «no» no equivale al fracaso, sino al comienzo de las objeciones.
3. Orienta las preguntas o solicitudes hacia espacios que den confianza y tranquilidad a tu protagonista y le permitan expresar sus ideas y, por lo tanto, podrás entender sus temores. Por ejemplo: «veo que no está de acuerdo con esto que le propuse. Me gustaría que me comente su punto de vista» o «creo que es razonable lo que me dice… ¿podría contarme un poco más acerca de su forma de ver este tema?»
4. Esto invitará a tu protagonista a sentirse más cómodo y a compartir. Y ello hará que use otras partes de su cerebro que te darán más información para comprender lo que teme. Y si comprendes sus dolores, podrás argumentar sobre las formas de resolver esos problemas.

13.1 ¿POR QUÉ NO ESCUCHAMOS?

Mark Goulston, en su libro *Just Listen,* señala que «mientras escuchas, no escuchas, no importa cuán buenas sean tus intenciones y cuánto te esfuerces». Además, afirma que la razón de ello es nuestro cerebro, el cual utiliza filtros de lo que conocemos de esa persona y provoca que realicemos juicios sobre ella, lo que no permite que escuchemos correctamente. Esto es como «...una mezcla confusa de verdad, ficción y prejuicio conscientes e inconscientes». Es allí donde Goulston destaca que esto «...afectará la forma en que escuchamos a esa persona, porque distorsionamos todo lo que la persona dice para que se ajuste a nuestras nociones preconcebidas». Debemos descartar ese bloqueo mental para poder escuchar sin filtros ni prejuicios al otro. Lo difícil no es escuchar, sino que nuestra mente esté abierta a cambiar de opinión. Debemos estar dispuestos a buscar la mejor respuesta o idea, no solo mi respuesta.

Al principio de todas las negociaciones hacemos lecturas rápidas de las distintas personas, y debemos tener cuidado porque ello nos puede conducir a equívocos. Nuestro cerebro utiliza la experiencia pasada y el instinto innato para tomar decisiones rápidas como si fueran conclusiones. Mark Goulston asevera que nuestros cerebros son mucho mejores para llegar a conclusiones que para analizarlas. Ser consciente de esto te ayudará a estudiar en forma lógica a la persona que estamos escuchando. Esta idea de Goulston profundiza los planteamientos de Kahneman que mencionamos en los capítulos anteriores, por lo cual te animo a que investigues y leas más sobre estos autores. En síntesis, este último psicólogo, Kahneman, diferencia entre dos modos de pensamiento que tenemos los seres humanos: el Sistema 1 (rápido, instintivo, emocional y subconsciente) y el Sistema 2 (más lento, deliberativo, lógico y consciente).

No escuchamos al otro porque creemos que estamos en conflicto al creer que sus necesidades u objetivos son incompatibles con los nuestros. Desgraciadamente los prejuicios personales crean impedimentos para encontrar terreno común. Pero sin comprender la perspectiva del héroe y sin oír lo que dice no podremos resolver el conflicto porque la solución debe abordar todas las perspectivas.

Debemos tratar de eliminar los filtros y percepciones, focalizándonos en escuchar sin juzgar, para entender. En el libro *4 Essential Keys to Effective Communication in Love, Life, ¡Work—Anywhere* de Bento C. Leal III, enumera 5 pasos que te ayudarán a escuchar con empatía:

1. Tranquiliza tu mente y concéntrate en la otra persona mientras habla.

2. Escucha completa y abiertamente lo que está diciendo.

3. Escucha «a través de las palabras»; los pensamientos y sentimientos más profundos que siente el hablante.

4. No lo interrumpas cuando esté hablando.

5. Responde, en sus propias palabras, lo que dijeron y los sentimientos que percibiste de ellos, para asegurarte de que los comprendes correctamente y que se sientan comprendidos.

Primero comprende, si quieres ser comprendido.

A lo largo de las páginas de este libro hemos comentado en detalle sobre la empatía porque es la capacidad de ponerse indirectamente en el lugar del otro para intentar ver las cosas desde su perspectiva o punto vista. Por ello, al negociar debemos escuchar empáticamente, debido a que es el nivel más alto de la escucha. Además, permite que pongas en pausa tu realidad y te concentres en la necesidad de comprender el marco de referencia de la otra persona. Escuchar con los oídos, mente, ojos y corazón, para comprender los sentimientos y emociones del hablante.

El multimillonario, presidente y CEO del imperio gastronómico *Landry's*, Tilman Fertitta (2019), en su libro *Shut Up and Listen Hard Business Truths that Will Help You Succeed*, enfatiza: «Escuchar es la habilidad más importante que puede cultivar como líder. Escuche a todas sus partes interesadas. Con el tiempo, aprenderá a distinguir los comentarios útiles de la escoria. Pero escuchar es solo el primer paso. Entonces debe tener el coraje de tener comentarios útiles a bordo, para convertirse en un mejor líder».

Escuchar y ser un buen oyente requiere esfuerzo. Se trata de una habilidad que debemos practicar para poder desarrollarla exitosamente. Esto demanda claridad mental y, a la vez, evitar filtros y presunciones.

Presta el 100% de tu atención, porque tus resultados dependen de ello. Tu contacto visual o pequeños comentarios en el teléfono permiten al héroe saber que lo estás escuchando. Escuchar exige estar presente y dispuesto a dar nuestras respuestas. Pero no debemos tratar de anticipar lo que sucederá e interrumpir nuestra actividad de escuchar atentamente. Muchas veces sucede que mientras otro individuo habla, nuestra mente ya está pensando en lo que podría decir a continuación, o anticipando lo que se podría agregar. Y te lo aseguro: esa no es una buena forma de escuchar.

Para apoyarte en tu aprendizaje y para que puedas entender mejor la aplicación de los conceptos emitidos en este capítulo, te invito a revisar los documentos y videos que podrás encontrar en la siguiente página web:

www.nuncatemasnegociar.com

14
GUIONES

Las oportunidades se multiplican a medida que se aprovechan.

Sun Tzu[25]

En todo entorno competitivo, como negociador, debes prestar particular atención a cualquier recurso adicional que te pueda ayudar a cumplir tus objetivos. Y uno de los recursos que te permitirá conducirte adecuadamente durante el proceso de negociación es el guion.

Los guiones se consideran herramientas muy valiosas, que te permiten jerarquizar las ideas esenciales, en el marco de la negociación. Resulta indispensable contar con un guion para tener

---

[25] Sun Tzu (544 a.C.- 496 a.C.) general chino, estratega militar, escritor y filósofo; es tradicionalmente acreditado como el autor de *The Art of War*.

una idea general de cómo vas a abordar el tema, así como también qué oportunidades y riegos se te presentarán. Además, te ayuda a priorizar aquello que realmente vale la pena y a conseguir los objetivos planteados. De hecho, diversos psicólogos cognitivos afirman la importancia de la elaboración de guiones para mejorar el procesamiento de la información, la memoria y la transmisión de ideas.

Tomar decisiones es difícil y riesgoso, de allí que es el trabajo más importante que debe realizar cualquier ejecutivo. Las malas decisiones, que generalmente se toman por no tener una planificación previa, pueden causar daños irreparables. Pero hay momentos en que el error no radica en el proceso de toma de decisión, sino en la mente del que decide. Por ello, prepara el guion de tu futura negociación para que tu cerebro no pueda sabotear tus decisiones. Siguiendo el modelo de las tres partes del cerebro, me refiero aquí a tomar decisiones con la parte racional y no con la parte emocional. Ser lógicos y conscientes (neocórtex), y no dejarnos llevar por nuestro cerebro reptiliano.

14.1- ¿CÓMO HACER TU PROPIO GUION?

Inicialmente, trabaja en un borrador de aquello que tendrías que debatir, es decir tu marco conceptual al que hicimos referencia en el capítulo 7 sobre “La Propuesta”. Enfócate en lo esencial a discutir con el héroe. Escríbelo de una manera clara y sencilla. Revísalo; recuerda que la escritura exige más focalización de tus ideas. Concéntrate en cada aspecto de tu negociación.

La creación y práctica de tu guion te da claridad y compromiso en las ideas a enmarcar y en la forma de presentar tus preguntas, tus intereses y tus opciones. De allí que la probabilidad de cometer errores disminuye. Tendremos que discutir ideas e influenciar a nuestro héroe, por ello preparemos el camino para hacerlo y todo obstáculo será parte del camino. Durante la creación de guiones, las preguntas para formularle al héroe surgen cuando necesitamos entenderlo y escucharlo empáticamente, porque de esa manera lograremos las respuestas que nuestros guiones están buscando.

La preparación ayuda a entender lo que queremos negociar, pero la verdadera práctica comienza al crear el guion. Debemos invertir tiempo en cuestionar nuestras intenciones y los factores que vamos a preguntar y a reclamar. Solo la estrategia del guion nos otorga este beneficio y la probabilidad de lograr resultados exitosos. Hay barreras que se superan al verlas, pero no es conveniente descubrirlas frente al héroe; es mejor analizar nuestras limitaciones y perspectivas privadamente y después compartir. La ansiedad, las ganas de terminar y la inseguridad de no saber el resultado final, generan riesgos de cometer errores cuando la negociación es muy importante para nuestra empresa, nuestra familia o nuestro crecimiento profesional.

¿QUÉ PREGUNTAS A UTILIZAR?

Debes usar las mismas interrogantes que utilizaste en el capítulo 12 sobre «La Preparación». También debes pensar estratégicamente, sobre todo en aquella información clave que te ayude a persuadir y a captar toda la atención de tu héroe. Es importante que tu marco conceptual sea cooperativo, enfocado en soluciones y no en problemas, para entrar en diálogo con esas otras ideas, opciones y visión de futuro.

Para ello, te recomiendo que escribas lo que salga de tu mente, dale una bienvenida a la lluvia de ideas, opciones y perspectivas. Luego, ordénalas y dales un sentido coherente, considerando solo aquellas que tengan más impacto.

La gran ventaja de este ejercicio es que podrás compartirlo con alguien de tu confianza, lo cual te procurará la posibilidad de obtener una retroalimentación más auténtica. Esto es fundamental antes de ir a la mesa de negociación, pues siempre es bueno obtener una crítica constructiva de tus preguntas y de tu marco conceptual para encarar la solución, poder incluso refutarlas y saber realmente si contribuyen con los objetivos planteados.

Si bien un guion estudiado, ordenado y discutido no garantiza que el héroe vaya a actuar como quieres, te ayudará estratégicamente a encarar el camino y predefinir el proceso a seguir. Por lo tanto, la claridad que te proporciona el guion es primordial para nuestra preparación, así como también tu Mindsight, para ser más flexible, adaptativo, coherente, energizado y estable.

PASOS PARA LA ELABORACIÓN DEL GUION

A continuación, enumero los pasos fundamentales que debes seguir para elaborar tu guion.

1. *Construye un borrador.* Redacta y elabora las preguntas adecuadas y visualiza cómo te manejarías en la negociación. Esto te ayudará a determinar el marco con tus perspectivas.

2. *Organiza las ideas.* Una vez armado el borrador con las ideas, busca a alguien que pueda revisarlo para recibir sus aportes de manera crítica. Reescribe de nuevo el guion con las modificaciones pertinentes; de hecho, hasta los mejores deportistas del mundo realizan este procedimiento, visualizando cada movimiento que harán. Solo que, en este caso, tú debes imaginar cómo irás diciendo las cosas. Escribir el guion y mejorarlo va a ser un proceso evidentemente perfectible, pero siempre es mejor contar con la posibilidad de tener algo escrito para discutirlo, analizarlo y trabajar en

su perfeccionamiento. Es una cuestión de sentido común, pero que muchas veces solemos soslayar.

3. *Comprende tus sentimientos*. Cuáles son tus emociones sobre el tema a discutir en tu propuesta, porque eso te ayudará a manejarlas e impedir que te lleven a decisiones erróneas. El *«yo siento que...»* siempre te ayudará a ir con calma y poner a prueba a tu héroe en su forma de ver esos puntos. Muchas veces sientes que te pondrán alguna objeción, por ejemplo, en cuanto al precio. Y tú sientes que lo que pides es el precio justo, pues te costó muchísimo comprar esa propiedad. Pero debes preguntarte «esto que siento, ¿es producto de la racionalidad de lo que vale en el mercado mi propiedad?, ¿o es producto del afecto que yo le tengo, por el sacrificio que me costó comprarla?» Si es lo segundo, debes apartar esa emoción del proceso de negociación, pues te hará malinterpretar la oferta de tu protagonista y hasta ofenderte, si consideras que es muy baja. Y, en ese preciso instante, ya has perdido la negociación. Por el contrario, si comprendes que el otro está negociando con la mente fría, pues tu propiedad es una inversión y no un objeto emocional para él, podrás ponerte a su nivel y obtener un buen trato.

4. *Maneja los porqués inteligentemente.* El «porqué» ayuda y genera seguridad. Te concede la razón, aun cuando tu héroe no la comparta. Se pueden apelar a muchas justificaciones como: «El precio es éste, porque el precio del mercado está

alto; esta zona es muy buscada, porque tenemos muchos compradores, etc.».

5. *Utiliza la disculpa para que tú héroe se abra*. Maneja frases como «Perdón por hacerte sentir de esta forma». Al disculparte con la otra persona, ésta se sentirá más cómoda. En realidad, no se trata de pedir disculpas como tal; esto se hace para que el héroe se abra, escuche la excusa y sienta la vulnerabilidad y, al mismo tiempo, seguridad. Eso ayuda muchísimo, dado que siempre te conviene utilizar estos criterios para no trabar la negociación.

14.2- ¿CUÁLES SON LOS RESULTADOS DE ESCRIBIR UN BUEN GUION?

En primer lugar, tendrás mejores argumentos durante el proceso de comunicación. La gente poco preparada se encuentra con la inseguridad de no saber qué decir o cómo responder. En cambio, aquellas personas que se preparan para dar su opinión analizan lo que pueden ofrecer y pedir, se sienten mucho más seguras y, por lo tanto, transmiten esa seguridad a su contraparte, logrando que esta confíe en ellas. Sin embargo, cuando demuestras impericia, haces perder el tiempo al otro, y a nadie le gusta perder su tiempo. Si cuentas con un buen guion tendrás el marco estratégico para manejarte, e incluso tu persuasión e influencia predominarán en la mesa.

En segundo lugar, un guion te ayudará a dominar tus emociones. Esto puede usarse tanto en los negocios como en la familia. Muchas veces sucede que estás muy enojado y dices cosas sin pensar, para luego arrepentirte; inclusive destruyendo relaciones fraternas. ¿Cuál es la mejor forma para evitar esto? Escríbelo. No se trata de redactar un tratado filosófico ni de menudencias. Será un texto que refleje ese sentimiento interior, incluso una forma de catarsis. La cabeza funciona mejor cuando ordenas las ideas. Es como cuando escribes un e-mail en estado de enojo y lo envías sin haberte dado la oportunidad de dejarlo allí, en la bandeja de «borradores», para leerlo luego, cuando tengas la mente más fría. Si, en cambio, lo dejas *stand by* y lo lees nuevamente, seguro descubrirás que el tono y las palabras que usaste en ese e-mail solo servían para descargar tu enojo, pero nunca para lograr ponerte de acuerdo con el otro. Lo mismo sucede en la negociación: prepara tus guiones anticipando las negativas del otro. Incluso puede que ya conozcas a tu contraparte y sepas que tiene el poder de decir cosas que te irritan. Hay gente así. Si te preparas, sabrás responder a sus insidias de manera profesional y no como un niño enojado.

Debes exteriorizar tu malestar, no guardes nada; eso sí, con mucha prudencia. Abraham Lincoln escribió una carta cada vez que se enojaba con alguna persona, y la guardaba en su escritorio. Él nunca enviaba las cartas, pero siempre escribía las razones por las cuales estaba tan enojado. Ese ejercicio le permitía sacarse ese malestar; por ello, lo mejor es esperar y no llevar ese enojo a la mesa de la negociación, porque no ayudará en nada. No se trata de omitir problemas que tu héroe haya ocasionado, sino que puedas decirlo de tal forma que no causarás resentimientos o malentendidos. Todos necesitamos desahogarnos, pero no es muy inteligente hacerlo con el héroe.

En tercer lugar, un guion te permitirá comunicar mejor otros puntos de vista y establecer un cuadro seguro para presentar tus opciones. En principio será bueno decir un par de verdades, para convencer a la persona sobre las partes más importantes. En todo caso, deberás siempre comenzar la discusión por los puntos persuasivos y no por los importantes. Hay negociadores que van muy directo al tema central de la negociación, generando con ello que la contraparte se ponga a la defensiva. Al avanzar de manera tan abrupta, este tipo de negociador lucirá agresivo. Por ello, lo mejor es primero ofrecer argumentos a la persona para que interprete dónde están, es decir, hablarle al cerebro reptiliano para posteriormente abordar el punto importante donde podemos compartir datos, cifras, etc.

Una forma de ensayar tu guion antes de llevarlo a la mesa de negociación es practicar con el espejo aquello que has escrito. Esto ayudará a escucharte y a verte. Además, notarás si planteas tus puntos de vista con convicción o, por el contrario, titubeando, pues puedes estar seguro de que no es lo mismo «imaginar» que voy a decir algo, que decirlo efectivamente. También es válido practicar frente a un tercero; lo recomendable es buscar a alguien que tenga un alto nivel de educación, un trabajo como el tuyo, o incluso mejor. El hecho de practicar con alguien muy entrañable, como nuestra madre, no funcionará, porque las madres siempre tienen una propensión a proteger a sus hijos, por lo cual su opinión tenderá a no ser nada equilibrada.

Es de gran importancia considerar números fijos a discutir, por ejemplo, el precio que quieres dar a conocer. Lo recomendable es poner un número alto, que se pueda defender, un número que tenga legitimidad, como lo sugiere uno de los 7 elementos del método de Harvard, de tal modo de poder discutirlo ante cualquier objeción. Practicar este número y estar cómodo cuando lo dices. Por eso, nunca vayas a la mesa sin haber repetido y estar convencido de que este es el número correcto. Por supuesto, tiene que ser una cifra perfectamente negociable, dado que con ello demuestras apertura. Con una cifra más alta siempre habrá un espacio para bajar, pero no al contrario.

La influencia de cada lado de la negociación va a afectar el resultado. Nos guste o no, la mayoría de las veces el resultado de la negociación se inclinará a favor de la persona que supo influir más. Por lo tanto, preparar y estudiar cómo presentar el caso con el guion, y lo que realmente es el problema, va a afectar la forma de como estaremos influenciado.

Durante el transcurso de la lectura de este libro has visto que no solo es importante tener una buena intención sino también demostrarlo y comprobarlo. Esto no es tan fácil como muchos creen. Ser un buen negociador es resolver la mejor forma de definir y enmarcar el problema para buscar soluciones que satisfagan los intereses de ambas partes.

14.3- MÁS ALLÁ DEL GUION

Todo el mundo está abierto a las críticas, hasta que recibe una. Cuando alguien es criticado, siente la necesidad de justificarse ante los demás y de explicar su posición. En el camino surgen desafíos, incluso eventos no planificados. Esto hace que se nos presenten elementos que no pudimos prever. Y, ante ello, deberás reaccionar con solvencia. En el caso de las críticas, indistintamente del tenor que tengan, deberás estar preparado para recibirlas y manejarlas.

Algunas veces critico constructivamente a mis clientes, esto con buena intención y en procura de avanzar; lo contrario a crear discordia. Visto de este modo, debes estar abierto a la crítica, escucharla con atención y estudiar qué puedes tomar para mejorar tu punto de vista en la negociación, aun cuando no esté dentro del guion. No todo debe girar en torno a dar tus opiniones, sino más bien debes enfocarte en aquello que puedes vender con base en argumentos sólidos, trabajados previamente en tu guion. Los expertos buscamos controlar y ajustar el marco en el que se desarrolla el proceso de la negociación. La mayoría de las veces debemos ponernos de acuerdo en el proceso antes de negociar las partes del acuerdo. Hay elementos que, presentados al principio, nos ayudan a ambos a tener expectativas de las discusiones, como por ejemplo el valor de mi servicio vs. el precio. Ayuda a la otra parte el saber que mis servicios no serán los más baratos, pero el valor es el mejor en el mercado.

Debemos construir nuestra práctica de escuchar con empatía y preguntar con audacia, si deseamos ser líderes de nuestras negociaciones. En su libro, titulado «*Leadership in turbulent times*», Doris Kearns Goodwin (2018) afirma que «Theodore Roosevelt sostuvo que la empatía, como el coraje, podría adquirirse con el tiempo. Un hombre que concienzudamente se esfuerza por ayudar a los que están a su alrededor, para hacer suyos los intereses de los otros, ponerse en una posición donde él y ellos tengan un objeto común, ...»

Actuamos de forma irracional, pero justificamos las decisiones basándonos en verdades racionales.

La práctica y ejercicio de los guiones ayuda mucho a examinar lo que sentimos y, por lo tanto, a ver nuestras emociones. Esto se debe a que el estado de ánimo y el sentirse positivos o negativos, influyen en cómo se desarrolla la negociación y sus resultados. Tener la oportunidad de examinar cómo nuestras emociones provocan que mi marco demuestre sentimientos en mi oyente. Por ejemplo, la tristeza puede deprimir a mi contraparte y mi ansiedad lo puede poner nervioso.

A su vez, la práctica y las estrategias que llevamos a cabo durante nuestra preparación nos otorgan paciencia y persistencia en los momentos duros de la negociación. Porque otros negociadores hacen que sientas ansiedad con el propósito de que te equivoques. Pero cuando tenemos práctica previa del tema en discusión, estamos menos perturbados y tensos, lo que genera que nuestra mente pueda encontrar mejores opciones y elaborar conclusiones cuidadosamente.

14.4- ¿QUÉ BUSCAS CON EL GUION?

Con el guion buscas tener más claridad y sugerencias para comprender nuestros argumentos y tratar de ver lo que realmente no ves. El siguiente paso es buscar ayuda en otras personas para planificar qué decir y cómo decirlo. Esto te ayudará a identificar las falencias de forma y fondo. El guion te ayudará también a establecer el marco correcto para defender tus intereses y estarás abierto a otras perspectivas. En *The Art Of War*, Sun Tzu postula que cada guerra se gana o se pierde incluso antes de que comience. Por ello, busca la ayuda de un guía o de una persona que te pueda asesorar, porque cuando la negociación es muy importante debes hacer todo lo posible para evitar los errores que pueden ocurrir, antes de que alguien formule una oferta de la que luego te arrepientas.

Por último, es fundamental generar confianza con tus palabras, hacer el guion te da la seguridad de entender, de trabajar en aquello que buscas. Te da la posibilidad de tener mayor confianza en ti mismo, y esa es una de las mejores actitudes en toda mesa de negociación. La falta de confianza en ti o en tus ideas genera incertidumbre en el otro y te resta credibilidad. Si quieres tener autoridad, debes ganar credibilidad. Eso ayudará a que el otro entre en sintonía con lo que estás diciendo; en definitiva, se convenza.

En décadas de experiencia en resolución de problemas, he podido comprobar que el elemento fundamental que le da energía a la negociación es el tener confianza en sí mismo. -El hecho de creer que se puede lograr lo que te estás proponiendo; esa fe en tus propias capacidades para obtener lo que te mereces, es una garantía de éxito al negociar. Hay una sabiduría científicamente validada en el comentario de Henry Ford, quien sostiene que sí creemos que podemos o creemos que no podemos, tenemos razón. Con esto quiero decir que, si te predispones y confías en ti mismo, podrás encarar mejor la mesa de negociación. Además, es esa misma confianza la que te llevará a influir en tu héroe. Biológicamente, y como mencionamos en el capítulo anterior, si te muestras confiado activarás las neuronas espejo en tu contraparte, lo que provocará que se forme un ambiente empático en torno a la mesa de negociación.

Sin embargo, hay momentos en toda negociación en que no solo debemos tener confianza, sino también demostrarla. Déjame que te explique. Practicar el guion con otra persona genera emociones y, el escuchar y discutir otras interpretaciones, aclara nuestros conocimientos sobre el tema. Entonces, un secreto que descubrí con el profesor Richard Wiseman (2014), uno de los psicólogos experimentales más interesantes e innovadores del mundo actual, que escribió «*The As If Principle*», es la validez científica de la afirmación que sugiere que el comportamiento causa la emoción y que las personas deberían poder crear cualquier sentimiento que deseen simplemente actuando como si estuvieran experimentando esa emoción. O como el brillante filósofo victoriano William James dijo: «*Si quieres una cualidad, actúa como si ya la tuvieras*». Por ello, si forzamos experimentar de antemano nuestras emociones, construiremos la confianza que nos dará flexibilidad, coraje para adaptarnos, energía y autocontrol de nuestro propio ser. Wiseman insiste que, si te «obligas a tener pensamientos positivos, te volverás más feliz. Visualiza tu sueño y disfrutarás de un mayor éxito». Y ahora, siguiendo los consejos de este profesor, te repito sus palabras «...siéntate derecho y respira hondo. Olvídate todo sobre el pensamiento positivo. Es tu tiempo para actuar en forma positiva».

Trabajar los guiones como parte de tu preparación te ayuda a ver los éxitos que tuviste en el pasado y a construir tu propia imagen del futuro. La práctica también te ayudará a persuadirte, a través de un diálogo interno contigo, en el que te planteas, «¡sí, se puede...yo puedo!»

La próxima vez que te prepares para una negociación, asegúrate de pensar y crear un guion con todas las opciones, perspectivas e ideas en el marco del proceso. Te brindará confianza el conformar un espacio donde ambos puedan ver, revisar, analizar y discutir las opciones y acordar la mejor solución. No cedas por un ultimátum que tu protagonista pueda plantearte. Planea tu guion y establece ese marco de negociación para lograr un ganar-ganar. Un error tuyo puede darle una señal al héroe de que tú no quieres tanto y de que él puede disminuir tus requisitos. Esos errores los cometemos porque no escuchamos como se entiende lo que decimos.

Para apoyarte en tu aprendizaje y para que puedas entender mejor la aplicación de los conceptos emitidos en este capítulo, te invito a revisar los documentos y videos que podrás encontrar en la siguiente página web:

www.nuncatemasnegociar.com

15
PREGUNTAS

Lo importante es no dejar de preguntar. La curiosidad tiene su propia razón de ser.

Albert Einstein

Los seres humanos siempre estamos inmersos en un constante aprendizaje y bajo esquemas de conexión. Por lo general, en negociación debes observar y al mismo tiempo persuadir; dos puntos claves que deben ser llevados a cabo justo en ese orden. Al observar debes mantener la atención puesta en tu héroe, con todos tus sentidos para captar más allá de la mirada y escuchar más allá de las palabras. La percepción es una capacidad que todos desarrollamos de un modo u otro; pero, cuando se trata de la negociación, es imprescindible que la perfeccionemos. Así mismo, la persuasión es un elemento fundamental para generar credibilidad. Un hombre que ha forjado su nivel de credibilidad al momento de preguntar no solo es una persona respetada, también es alguien en quien la gente confía.

¿Cómo se logra esto? Por medio de preguntas bien formuladas, con las cuales podrás derribar barreras, descubrir secretos, resolver misterios e incluso predecir el transcurso de ciertos acontecimientos.

Uno de los aspectos menos trabajados en una negociación es el tema relacionado con las preguntas. Y, más allá del contenido de la interrogante, es preciso analizar la importancia de la *tonalidad de la pregunta*, y la *postura corporal para* comunicarle al protagonista que estás listo para atender. La tonalidad en la pregunta encierra muchos aspectos: interés, admiración, respeto, afecto, confianza y empatía. Esto último deberás también considerarlo a través de la **Empática Historia Persuasiva** ©, con la cual podrás establecer ese contacto emocional; porque la emoción es una forma de pensamiento fundamental para conectar con el otro.

La *expresión corporal* es de vida o muerte. La gente nota con facilidad cuando estás interesado en ellos: la expresión de tus ojos, tus gestos, tu postura, tus movimientos; todo en ello desvela tus intenciones y habla por ti. Haz que tu aspecto corporal transmita la credibilidad que muestras con tus palabras. Una pregunta jamás tendrá efecto si tu expresión corporal no corresponde con lo que quieres comunicar. En cambio, cuando lo que dices y expresas están en sincronía, tu héroe pondrá toda la atención posible y estará en disposición de dar una buena respuesta.

Las preguntas correctas, planteadas en la forma indicada y en circunstancias propicias, te facilitarán la consecución de los objetivos a corto, mediano y largo plazo, porque te abrirán las puertas para descubrir lo que piensa y siente tu protagonista, además te darán la única posibilidad de ver sus cartas.

Al principio, debes diagnosticar qué pasa con el héroe. Esto solo será posible si creas empatía, si permites que prospere tu capacidad para comprender los sentimientos y emociones de otra persona. Nunca comiences con preguntas muy íntimas que incomoden a tu héroe, lo recomendable es empezar con temas generales. Cada historia tiene su ritmo y se trabaja de distintas formas.

Las primeras preguntas deben buscar definir el dolor o problema del protagonista. ¿Cuál es el problema? Albert Einstein decía «No es que sea tan inteligente, es solo que me quedo con los problemas por más tiempo». No intentemos adivinar el problema lo antes posible.

A continuación, expondré algunas maneras de hacer estas preguntas de la forma correcta. En toda historia, lo más importante es el quién, qué, cuándo o dónde sucedió. Sin embargo, desde el enfoque que lo planteo deberás descubrir el otro lado de la historia, esto es: ¿qué no estuvo a la altura de sus expectativas? Y, sobre todo, analizar si hay objeciones en el camino, pues saberlo te dará un marco de referencia para decidir cuáles preguntas necesitas formular para revelar ese misterio. Este diagnóstico te permite conocer el problema, el mapa hacia dónde debes ir direccionando la negociación para entender más al héroe.

En situaciones complejas, como por ejemplo aquellas en la que tu protagonista expresa cierta resistencia, puedes formular preguntas tales como:

— En tu opinión… ¿qué no salió como tú lo esperabas?, ¿qué es lo que no ves adecuado en esta propuesta?

—¿Cómo vez lo que está sucediendo? / ¿Qué crees que podría mejorarse?

—¿Con qué no estás de acuerdo? / ¿Cómo lo ves tú?

Estas preguntas sirven para orientarte y, al mismo tiempo, descubrir el problema. Será preciso manejarte con cuidado con tu tonalidad de voz, ya que esto es significativo para ir sorteando las dificultades.

No olvides ser deductivo al preguntar (de lo general a lo particular), pues esto ayudará a poner en contexto tu intención, de tal modo que propicies un clima cordial para responder cualquier inquietud.

Una vez lograda esta conexión, el segundo paso será «aconsejar» a tu héroe para abordar de manera directa el problema. En todo momento, evita que se sienta manipulado; al contrario, hazlo sentir como parte de la solución y que juntos podrán resolver el problema. Demuéstrale que comprendes su dolor, así es como se manifiesta la empatía.

La **Empática Historia Persuasiva** © es necesaria para entender y descubrir al otro individuo, porque demanda la escucha como principal fuente de conocimiento e investigación para conectar con las necesidades del otro. Sin embargo, debes ser precavido, porque si hablas muy directamente al principio, sin que esa persona te vea como ese «salvador», puedes generarle miedo y, en consecuencia, perder la posibilidad de establecer una conversación. Entender ese dolor es una de las partes más exigentes de la negociación, porque es allí cuando puedes lograr el apalancamiento necesario para encarar todo aquello que falte.

En este sentido, deberás observar la historia, sus antecedentes y si existe algún evento o experiencia similar que te permita entender el porqué de la situación para generar confianza en tu héroe, así como un ambiente más cómodo donde él pueda hablar de sí mismo y de su experiencia. También, en sentido contrario, debes conseguir que él pueda entenderte.

Una vez identificado el problema, el tercer paso será ahondar en la situación con preguntas como: ¿qué significa esto para ti?, ¿qué piensas sobre esto?, para hacer una valoración más profunda que te permita conocer cuán aproximado estás a tu héroe. Preguntar es todo un arte, como también una habilidad para hacer hablar al otro y comprender por qué dice lo que dice.

15.1- DEDUCTIVAMENTE EMPÁTICOS

Las preguntas más importantes son aquellas relacionadas con la emocionalidad, apuntadas al sentir del otro. Una vez que has logrado este nivel de relacionamiento es cuando empiezas a conectarte con tu héroe y puedes lograr decisiones más rápidas y acertadas.

Las interrogantes que apelan a una conexión emocional te permiten descubrir aspectos que no aparecen a simple vista. Con ellas logras distender la conversación y que la persona pierda el miedo y fraternice contigo. Crear una conexión emocional significa habilitar un espacio único para hacer que tu héroe se sienta especial, provocando mayor apertura y la obtención de ideas más claras acerca de lo que él quiere y necesita. Será importante no emitir ningún tipo de juicio de valor y darle libertad de opinar, de tal forma que pueda reflexionar y «pensar en voz alta» todo lo que siente.

En este momento, debes desarrollar una gran capacidad para escuchar y observar, lo que te permitirá ir más allá y obtener una respuesta real. La contraparte tiene un problema, y tú estás allí para ayudar a solucionarlo. Conseguir esa perspectiva de sus antecedentes te llevará a posicionarlo como el héroe, objetivo de la **Empática Historia Persuasiva** ©.

El final de la interacción es lo más importante, y si el final se da con conexión firme y profunda sabrán que los entendimos, y ellos a nosotros.

En el ambiente laboral resulta muy provechoso conectar en este nivel. Tal es el caso de los trabajadores poco productivos, quienes bajo este tipo de preguntas emotivas son más propensos al trabajo en equipo y más efectivos en sus labores. Toda esta empática forma de entenderse es muy utilizada por los mejores negociadores, y debes tenerla muy en cuenta cuando te encuentras en una negociación compleja, sobre todo cuando se comete el error de hablar más de la cuenta y no escuchar.

Entender el tipo de pregunta y cómo buscar las soluciones desde la empatía es clave para tener éxito en la comunicación con el héroe. Debes establecer una relación empática mediante preguntas (paso 1), a partir de allí plantear una fórmula para desarrollar estas preguntas, la cual es muy similar a la anterior partiendo de lo general a lo particular (paso 2) a través de la escucha y un buen lenguaje corporal hasta entender a tu héroe (paso 3) mostrando compasión e interés por ayudarlo.

En este sentido te propongo:

Primero, desarrolla la parte de las preguntas amplias, no es prudente dirigirse directamente hacia la parte más íntima de tu héroe.

Cuando él te pregunte, contesta de la manera más clara posible, que pueda ver y entender que el camino tiene dos vías.

Es fundamental ser muy sutil, incluso decir específicamente: «disculpa, ¿te puedo hacer una pregunta?». Esto baja el nivel de defensa, brinda comodidad y propicia un ambiente de camaradería. Estar de acuerdo en el resultado de la negociación parte del principio de que no solo deben confiar en ti, sino en el proceso que llevará al resultado; eso pasa entonces por una relación de cercanía con la otra parte.

Segundo, profundiza para entender lo que el otro necesita. Escucha muy bien y analiza su tonalidad, su actitud, aquello que le causa dolor. Lo recomendable aquí es hablar con pausas; usar algunas palabras de reafirmación para llamar su atención y hacerle saber que estás interesado en el tema, por ejemplo: «cuéntame más», «explícame», «excelente».

El contacto visual es sumamente importante para asegurar que estás totalmente atento. Cuida esos detalles, pues le permitirá a tu héroe ser más receptivo y expresará con mayor facilidad sus problemas.

Tercero, trabaja en el interés y la compasión. Mantén esto desde una distancia prudencial, sin emitir ningún juicio, tan solo haz recomendaciones sobre el tema.

En resumidas cuentas, sabes que cuando hablo de empatía, me refiero a la habilidad de escuchar a la otra persona que comenta su perspectiva; tú, solamente, debes escuchar sin tomar partido ni juzgar. Esta cualidad se vuelve indispensable para que la comunicación fluya de la manera más sana posible, motive a tu héroe y ayude al manejo de su vínculo. Debes lograr esa habilidad y que sea el héroe quien dé sus argumentos cómodamente. Quizá no estés de acuerdo con el otro, pero comprendes su comportamiento, emociones, ideas y razonamientos. Todo esto te ayudará a generar sinergia y opciones válidas para darles a entender tu propuesta, tu punto de vista; en fin, la solución al problema con el que se está lidiando.

En una negociación no gana quien más habla, sino quien sabe cómo resolver el problema. Es una regla de oro, debes ser inteligente y convertirla en tu ventaja.

Recuerda, será propicio identificar lo que causa miedo o estrés. Al descubrir el porqué del problema tendrás un 90% de seguridad para llegar a un acuerdo.

A continuación, analizaremos dos tipos de preguntas: las que haces para generar empatía y las que utilizas para generar un puente. En algunos momentos habrá la necesidad de formular preguntas que confronten, pero será mejor generar el puente entre lo que tú ves y lo que tu protagonista visualiza.

15.2- PREGUNTAS EMPÁTICAS

Las preguntas de empatía son útiles para comprender los sentimientos y las emociones, y representan una de las mejores formas para cerrar un acuerdo, porque te ayudan a entender los miedos y el dolor de tu héroe. Al conocer esa historia, el proceso será mucho más sencillo. Con todo esto buscas explorar lo más sensible de la persona para entender su punto de vista y perspectiva, para saber cuándo cerrar el acuerdo. Igualmente, con las preguntas empáticas invitas a tu héroe a abrirse, a extenderse y a desarrollar una buena conversación contigo.

Hacer preguntas te brinda la oportunidad de abrir puertas, resolver problemas y romper barreras. Pero para cerrar el trato, el héroe debe creer en tu solución a su dolor. Ganar esa credibilidad con preguntas, escuchando con empatía y sin prejuicios son las tareas más importantes de un buen negociador. Dejando que el silencio, seguido de una buena pregunta, sirva para reflexionar o pensar. Te confieso que puedes reconocer si un individuo es inteligente por la calidad de sus preguntas.

Además, podrás hacer las llamadas preguntas de seguimiento, como «coméntame más acerca de eso», para ayudar a tu protagonista a sentirse en sintonía con tu propuesta y a revelarte detalles que generen sinergia entre las diversas opciones.

El esfuerzo realizado por ambas partes va a consolidar el acuerdo y ayuda a que el compromiso se clarifique en el proceso.

No pretendas hacer preguntas complejas y esperar respuestas de esta naturaleza. Por el contrario, comienza metódicamente con preguntas más sencillas, para luego llegar a los detalles. Muchos piensan que con preguntas llamativas lograrán, de forma mágica, respuestas superiores, ¡gran error! Lo mejor es ser más asertivos e inteligentes, con preguntas bien planteadas, sin muchos adornos, que toquen en la médula y conecten con el otro. Eso marca realmente la diferencia.

Un viejo dicho sostiene: «Quien no pide, no recibe» Las buenas preguntas desafían tu pensamiento, replantean y redefinen el problema.

Veamos ejemplos:

1. «¿Qué piensas?» Nunca pases por alto esta poderosa pregunta.
2. «¿Qué opinas de esta opción como solución?» Estás buscando su punto de vista.
3. «¿Crees que es esto lo mejor que puedes hacer?» Steve Jobs usó esta pregunta con frecuencia, y obtuvo resultados.

4. «¿Qué aprendiste?» Importante, porque abre las puertas a la exploración y la oportunidad.
5. «¿Cómo llegaste a ese costo en particular?» Pregunta para explorar.
6. «¿Me puedes contar más?» Para conducir a una conversación más profunda.
7. «¿Cuánto más costará esto si optamos a esta función adicional?» Pregunta discreta para entender más.
8. «¿Cuál es la cosa más importante que deberíamos discutir hoy?» o también «¿Qué es lo más importante que deberíamos discutir hoy?»
9. «¿Qué no funciona?» Para discutir perspectivas y oportunidades de mejora.
10. «¿Cómo te sientes acerca del nuevo precio?» Apuntada a entender las emociones.

15.3- APRECIACIONES

Las preguntas abiertas planteadas desde un lenguaje positivo apelan a los sentimientos, como por ejemplo: «¿cuál es la mejor parte de tu trabajo?», lo cual da pie a una mayor apertura de tu héroe. Este tipo de interrogantes te otorgan un marco para poder seguir indagando y descubriendo. Apunta siempre a lo positivo, con una conversación en un tono diferente, porque cuando la persona se siente apreciada, le imprimes ánimo para continuar la conversación, y te da sus comentarios. Sin duda, debes apuntar a esto.

Todos tememos el rechazo. Las preguntas son nuestra forma de conectarnos con otros seres humanos. Pero podemos construir confianza invitando al héroe a que, en forma libre, comunique sus ideas en voz alta, sin que sus comentarios sean tomados como concesiones. Debemos demostrar que tenemos los conocimientos para discutir opciones y analizar sus observaciones ya que, al momento esencial de preguntar, veremos si estamos liderando la negociación. En su libro *The Leadership Challenge*, Kouzes & Posner (2012), dicen que, «la credibilidad es la base del liderazgo. Los constituyentes deben ser capaces, sobre todo, de creer en sus líderes. Para que sigan voluntariamente a otra persona, deben creer que se puede confiar en su palabra, que ella es personalmente apasionada y entusiasta por el trabajo, y que tiene el conocimiento y la habilidad para liderar».

Para construir esta credibilidad y confianza, las preguntas te ayudarán a posicionar tus argumentos en esta difícil conversación. Además, si vemos que no tenemos respuestas, debemos elaborar mejores preguntas, sin prisa por recibir la respuesta. La indagación, y no la imitación, es la forma más sincera de liderar. Invertir tiempo en preguntas que te ayuden a definir el problema e indagar más sobre las opciones que vas a presentar te ahorran mucho tiempo durante la negociación, ya que sabes hacia dónde dirigirte y no perder tiempo en reuniones. Definir el problema con preguntas para captar detalles, y pensar posibles ideas de sinergias con tus opciones, te ayudará a crear la mejor solución.

15.4- ¿CÓMO VAMOS A ESCUCHAR?

En esta parte del proceso de negociación surgirán muchas incógnitas, por ello todas las preguntas específicas a formular deben ser producto de una preparación previa. Otro aspecto importante es evitar juzgar. Quien escucha da libertad a la otra persona de expresar sin obstáculos sus sentimientos, inquietudes, anhelos y problemas. Si emites alguna opinión, la persona se cerrará. Tu labor es encontrar la perspectiva, mantenerte atento y entender cómo se siente el otro.

Por otra parte, en la negociación, aquello que no se dice explícitamente tiene un gran valor, por ello deberás estar atento a cada palabra, sentimiento, miedos, inseguridades e incluso el estrés, ya que en cada uno de estos elementos hay señales ocultas que esconden un trasfondo. Es preciso formular preguntas que te ayuden a conocer lo que no es evidente, por lo cual deberás mantener una conversación amena para que tu héroe sienta que puede depositar en ti toda su confianza y hablar con franqueza. Es un gran rompecabezas con todas sus piezas, el cual debes armar, escuchando con empatía.

Asimismo, deberás mantenerte en las preguntas cortas, evita usar mucho la palabra ‘yo’, porque el héroe debe saber que él es el protagonista. Eso sí, no basta con solo escuchar, se trata de practicar la verdadera empatía para comprender a tu héroe en toda su complejidad.

15.5- CONSTRUIR PUENTES

Los puentes son las preguntas que haces para comenzar a dialogar con la otra persona, para construir un soporte —incluso confianza— entre ambos. Son formas de encarar y demostrar el asunto para que expresen cómo se sienten. Es interesante trabajar estas preguntas, ya que algunas veces puedes estar estancado, y una buena forma de sacar a relucir el tema será por medio de preguntas indirectas. Aquí es necesario recordar lo que ya hemos establecido con anterioridad: «En la negociación aquello que no se dice explícitamente tiene un gran valor». Es así como comenzamos a valernos de lo implícito, de aquello que no detallamos al momento de expresarnos, pero que de alguna forma se deja traslucir en nuestras palabras.

En este caso, recomiendo comenzar con un tópico que no esté relacionado con el tema, como para romper el hielo; una conversación trivial que vaya aumentando de nivel hasta llegar a las preguntas más difíciles. Partiendo desde ese punto formularás preguntas mucho más claras que te ayudarán a entender los intereses de la negociación para alcanzar un acuerdo.

Por ejemplo, al realizar una afirmación como «nunca pensé que se pudiera dar de esa forma», logras un doble efecto: manifiestas tu punto de vista y buscas que el otro te dé una retroalimentación, lo cual te permite conocer si a la contraparte le gusta el tema, si le parece bien la información que se maneja y si está a favor de la negociación.

Algo infalible en estas preguntas es que validas lo que dices, porque de nada sirve pedir «dime más», «explícame mejor», «cómo haría tal cosa» en momentos poco apropiados, sino que debes esperar y hacerlo cuando el otro te brinde su mayor atención. Es gratificante saber que el héroe se siente comprendido. Estos detalles te llevarán al lugar adonde quieres llegar.

Todo se resume en una mayor conexión con preguntas como: «¿Es sobre eso de lo que estás hablando?», «¿es eso lo que significa?». Con este tipo de preguntas estás validando al otro, haciéndole saber que su opinión te importa y, de ese modo, refuerzas la relación y la idea de que buscas entenderlo.

Por último, una técnica que utilizo cuando hay una distancia grande con mi héroe es tratar de ver cuáles son las diez preguntas que más me cuestan y las que más quiero entender de la otra persona. Siempre existe el miedo a hacerlas, porque uno no desea que el otro las malinterprete. Por eso, trabajo muy bien esas preguntas, de modo tal de llegar más preparado. Aquí lo más importante será la práctica, entender estos tipos de preguntas y ver/descubrir/reconocer si son las más efectivas para tu método de negociación. Una buena preparación determinará todo lo que necesitas saber, hacia dónde vas, te ayudará a ser sincero y genuino para buscar lo mejor de la otra parte.

Te insisto, es necesario tener mucho cuidado con la tonalidad y las preguntas deben formularse con empatía. La idea es entender e identificar los intereses de la contraparte y ver cómo puedes ayudarla. Si la persona percibe tu intención clara de comprenderla, trabajará contigo. La solución de sus problemas llegará, así como también la de los tuyos; es solo cuestión de saber formular una pregunta adecuada en el momento correcto, sin alterar el proceso de la negociación.

Para apoyarte en tu aprendizaje y para que puedas entender mejor la aplicación de los conceptos emitidos en este capítulo, te invito a revisar los documentos y videos que podrás encontrar en la siguiente página web:

www.nuncatemasnegociar.com

16

LIDERAZGO

La vida es como montar en bicicleta;

para mantener el equilibrio debes seguir moviéndote.

Albert Einstein

Aún embriagado de poder tras haber conquistado gran parte de Europa, Napoleón Bonaparte decidió invadir Rusia. En marzo de 1812, cruzó el río Niemen, con un ejército conformado por casi setecientos mil hombres, para iniciar la invasión desde el territorio de lo que hoy es Polonia. No le importaba cuántas muertes hubiera, porque estaba decidido a conquistar Moscú con el objetivo de que el zar Alejandro I le entregara el control de la ciudad, tal como establecían las normas de guerra y conquista en esa época.

Por su parte, el ejército ruso contaba con el experimentado general Mijaíl Kutúzov, que destacaba por su inteligencia y por la planificación de acertadas estrategias bélicas. Su ejército tenía cuatrocientos mil soldados, es decir, mucho menos que las tropas francesas. Al conocer los planes de Napoleón, el general ruso realizó un exhaustivo estudio acerca del líder invasor. Su idea era estar muy bien preparado, debido a que la gran determinación y la fuerza de voluntad del francés eran, al menos, intimidantes.

Debemos tratar con ligereza a quienes reaccionan con dureza, si consigues no reaccionar mal, lo vas a desorientar.

El numeroso ejército permitió a los franceses avanzar con cautela y decisión hacia su objetivo. Pero, a medida que esto sucedía, los comandantes rusos ordenaban a sus tropas que, en lugar de avanzar, retrocedieran. El objetivo de los militares rusos era debilitar a los franceses y una de las formas más eficaces consistía en alejarlos de las provisiones, porque la necesidad de éstos terminaría agotando a las tropas enemigas.

Como parte de su estrategia militar, el popular general Kutúzov sabía que a medida que el ejército francés se acercara a Moscú, se encontraría de frente con el intenso invierno ruso, por lo que iba a necesitar provisiones y resguardo para lograr la conquista de la capital.

Tal como lo pensó el general ruso, Napoleón Bonaparte sintió cómo el invierno los azotaba. De inmediato, las fuerzas invasoras buscaron refugio y alimento. Lo que desconocían era que, unas pocas horas antes de su llegada y por órdenes del general Kutúzov, las tropas rusas habían retirado todas las provisiones de la ciudad, además de dejarla sin habitantes. Luego, de manera intencional, provocaron un gran incendio que consumió todas las casas de Moscú, por lo que privaron a los franceses de las provisiones.

Napoleón y su ejército, imposibilitados de avanzar y aún menos de pelear, decidieron retirarse y retornar a su zona inicial. En ese momento, Kutúzov y sus soldados los atacaron por sorpresa, causándoles daños irreparables y, muy pronto, la derrota. El fracaso de la invasión a Rusia detuvo de forma definitiva la marcha de Napoleón a través de Europa. Evidentemente, esto nos recuerda la frase de Sun Tzu: «el supremo arte de la guerra es someter al enemigo sin luchar».

Si analizamos las estrategias del general ruso, nos damos cuenta de que jugó a mostrarse como un perdedor frente a Napoleón, haciéndole creer que se sentía impresionado por su capacidad bélica y que, ante ese gran poder, solo le quedaba retroceder. De esta forma lo despistó y planificó su siguiente golpe. Identificó cuáles eran las opciones y esperó el momento preciso para atacar.

La tarea más importante de un negociador es encontrar las fortalezas del héroe para saber utilizarlas en el momento adecuado siguiendo sus propios intereses.

En cambio, Napoleón estaba enceguecido por sus ansias de poder. Esa codicia desmedida fue aprovechada muy bien por Kutúzov, quien se mostró débil, temeroso e indefenso ante el invasor. Si el general francés se hubiese detenido para analizar la situación, habría entendido que enfrentar el invierno ruso le traería problemas, más aún si sus tropas no estaban preparadas para soportar las inclemencias de ese clima. A eso hay que sumarle, también, la falta de provisiones y ropa especial para soportar el duro invierno.

Kutúzov se asombró más tarde de que «Napoleón no hubiese descubierto una trampa que todo el mundo podía ver», pero añadía: «Naturalmente, hicimos todo lo posible para alargar las conversaciones. En política, si alguien te ofrece una ventaja, no la rechaces».[26] El general ruso observó, interpretó la información y la transformó a su favor de manera brillante. Esto es lo que debemos hacer para llevar a cabo una negociación exitosa; tener una perspectiva amplia, ser flexibles e ingeniosos para entender a nuestro

---

[26] Parker Geoffrey. *Napoleón Derrotado abandona Moscú y la primera infografía moderna lo relata.* Abc.es Reproducido de: https://www.abc.es/20121019/cultura/abci-napoleon-rusia-bicentenario-minard-201210182015.html

héroe, tal como lo hizo Kutúzov. Con esta estrategia, tendremos muchas ventajas para salir victoriosos.

Es como David contra Goliat. El segundo era un gigante poderoso, ciego de su propia fortaleza, que nunca pensó que David, quien era un extraordinario lanzador de piedras, pudiera darle muerte y, por lo tanto, no se preparó. Pero David estudió a su oponente e identificó sus puntos débiles, para acertar en el lanzamiento hacia el medio de sus ojos y, con ello, salir victorioso.

Hay ataques que debemos ignorar para generar un contraataque efectivo. No te sumes al juego del otro. Mejor no responder. Ignorarlo es el inicio del contraataque.

Prepararnos y analizar las distintas perspectivas: como el mánager en la campaña de Roosevelt, o la de Jesús Peón para cambiar la situación de la Renault Argentina, siempre tienen como resultado una victoria merecida.

Tu planificación te debe proveer de nueva información para tener en cuenta las distintas situaciones que pueden ocurrir. No se trata de esperar «que pase lo peor», se trata de estar preparado «por si pasa lo peor».

16.1- El EGO

El ego puede ser un peligroso enemigo para el buen negociador. Cómo siempre sostengo, mi adversario en toda negociación es la situación, no la contraparte. Pero aquellos negociadores que no comparten esta apreciación, que ven a la otra persona como el enemigo a vencer, suelen tener como denominadores comunes el poder, el abuso y la prepotencia. El deseo de ganar a costa del otro sirve para alimentar su ego. Con ese ego se nutren sus ganas de confrontar, generando conceptos e ideas confusas y, por supuesto, más problemas que soluciones. Es como apagar el fuego con fuego. Así piensan que sacan ventaja, cuando realmente sucede lo contrario.

Para el buen negociador, el enemigo número uno es el ego. Si la contraparte percibe un ego desmesurado en nosotros, nos rechazará de plano, sin posibilidad alguna de diálogo.

Debemos estar de acuerdo en que vamos a estar en desacuerdo.

Si quieres matar ideas, propuestas, productos y servicios, usa el ego. Cuando el ego se interpone entre la contraparte y tú, generas un ruido muy dañino para el resultado anhelado.

Aquellos que hacen referencia a negociación y ventas en términos de discusiones, tácticas de presión, de engaño, de cerrar los números con la idea de que «total el cliente no se va a dar cuenta». O, peor aún, diciendo que «la contraparte se lo merece, si lo compran, el problema es de ellos». Todas esas falsas concepciones llevarán, tarde o temprano, a mayores problemas; entre ellos una mala reputación de quienes así lo piensan. Al final, esta postura resultará muy cara. Estamos arruinando las relaciones y la posibilidad de negociar en el futuro, así como también nuestra credibilidad.

Uno de mis clientes de Latinoamérica decía: «Los entiendo totalmente. Me encanta la energía que le ponen al asunto, pero esto no va a servir para nosotros, porque soy abogado, me toca lidiar con sindicatos, y si les das un dedo te cogen la mano». Quizá puede que esto sea así, desde una mirada egocéntrica, pero apenas el cliente puso en práctica estos siete principios, los sindicalistas empezaron a escucharlo; sintieron que los entendía, que participaba con ellos, que los orientaba y, por ende, ambas partes coincidieron en tener una mejor y más productiva empresa. Todo esto llevó a negociaciones auténticas, se generó una gran apertura pudiendo ver que compartían los mismos objetivos y planes. Una de las partes decidió confiar en la otra, crearon nuevas alianzas y comenzó a fluir la comunicación. En conclusión, todos ganaron.

16.2- CLARIDAD

La claridad es indispensable en toda negociación. El objetivo final es ganar-ganar, por lo tanto, debes hacer un proceso interno de reconocimiento previo de la contraparte: ¿Qué quiere?, ¿cuáles preguntas puedes formular?, ¿cuáles son sus expectativas?, ¿qué códigos debes usar, a fin de hacerle entender a tu contraparte que es la persona más importante en la mesa? Con ello, lograrás hacerlos sentir cómodos, activarás la empatía suficiente para entablar buenas conversaciones y encontrarás los puntos que los unen, para el trabajo en conjunto.

Es fundamental que demuestres que eres parte de la solución de sus problemas y que estás trabajando para que ellos ganen. Un buen negociador sabe controlar sus emociones y domina el arte de hacer buenas preguntas, además de saber comunicarse con claridad.

Debes evitar el hablar en exceso, pero, sobre todo, hablar demasiado sobre ti. Por supuesto, es importante explicar quién eres, pero debes conectar con el problema y hacer ver que eres parte de la solución. No olvides, la persona más importante en la mesa es la contraparte. Si no ganas su confianza, te costará mucho más influir en ella. Lo que en verdad hará falta para hacer crecer la confianza serán los compromisos a los que puedan llegar ambas partes.

El presente trae acuerdos, el pasado trae discusiones, el futuro trae esperanzas. Enfócate en el presente.

Ahora bien, todo se clarificará en el momento en que la contraparte se sienta escuchada, entienda lo que le dicen y haya reciprocidad. Ese es el camino correcto. Con ello captarás su plena atención y tendrás la certeza de que escuchará tu propuesta. Para esto, habla con claridad, porque si lo haces de modo confuso y pones por delante tu ego sin hablar de lo que tu contraparte necesita, la estarás perdiendo.

Mi idea a lo largo de este libro fue crearte los hábitos y darte las herramientas para entender la negociación de la misma manera que lo haces cuando visitas al médico. No puedes esperar una receta genérica, como tampoco puedes recibir un mismo medicamento para todas las enfermedades. Necesitas descubrir cuál es el problema específico. Para ello te invité a un recorrido a través de estas páginas; para ayudarte a identificar la necesidad y el problema de la contraparte. Te propuse tres herramientas para que hicieras más efectiva tu comunicación: empatía, historia y persuasión; y utilicé un marco de siete principios – 1. Necesidad, 2. Problema, 3. Propuesta, 4. Pedir, 5. Resultado, 6. No Arreglo y 7. Escribir Su Victoria. Ahora te corresponde a ti ponerlos en práctica.

16.3- LA INTUICIÓN

Las personas, por lo general, no tomamos decisiones estrictamente desde lo racional. Aunque pensemos que eso es lo correcto, la verdad es que hacemos todo lo contrario. Son las emociones como la alegría, la tristeza, la ansiedad, el enojo o el malestar, las que nos motivan a tomar las decisiones, la mayoría de las veces con datos limitados. Son decisiones tomadas desde la intuición.

Visto desde esta perspectiva, abusar del análisis netamente objetivo no lleva a resultados esperados, por lo cual en ciertas ocasiones lo mejor será confiar en tu intuición. Dentro del campo de la neurociencia, los expertos proponen una teoría llamada «marcador somático», que refiere a que la toma de decisiones no pasa tanto por lo racional, como se pensaba anteriormente, sino que nuestras emociones toman un papel muy importante. Recuerda el papel fundamental de la amígdala a la hora de discernir emocionalmente, como lo abordamos en los capítulos anteriores.

Un líder toma decisiones todo el tiempo, es un constante estado de tensión al cual se somete. De allí que, para tales efectos, cobra sobrada importancia observar a tu héroe, desde gestos, posturas, tono de voz hasta lo intangible como el esfuerzo de llegar para atender a tu cita. Son factores determinantes a la hora de formular preguntas y abordar al héroe. En el ínterin de la historia pueden darse hechos sobrevenidos, donde el poder de la intuición juega un rol fundamental, no está de más.

15.4- LIDERAZGO

La única razón por la cual aprendemos a negociar es para ser mejores líderes, ayudando al héroe y que ambos obtengamos nuestros intereses. Nunca dejes que otros lideren tu negociación. La negociación, como el liderazgo, sugiere la acción de mostrar el camino y mover a una persona, voluntariamente, hacia un objetivo en común. Para ser un gran negociador necesitas ser persuasivo y con una perspectiva empática, para que, como guía del proceso, logres que el héroe te siga. En toda historia, el protagonista encuentra a la persona adecuada y la convierte en su guía. Y ese guía eres tú. Recuerda, no podrás ser un líder sin la interacción con otras personas. Lo mismo ocurre en el caso de un negociador. El liderazgo de un negociador no solo requiere la presencia de otros, sino que también necesita que estén dispuestos a seguir su guía en la trayectoria correcta para ambos. Por ello, requieres entrenamiento y práctica en la forma de escuchar, pedir, compartir resultados, preguntar y construir credibilidad.

No compres la relación de tu contraparte sacrificando tus intereses.

El liderazgo al negociar también implica la capacidad de persuadir, comprender e influir a la persona para que se mueva voluntariamente en la dirección que tu propones. Para ser un líder, debes tener el poder de lograr que otras personas tomen acción, por ello hemos examinado cómo nuestra mindset tiene que trabajar para lograr mejores resultados. El uso de los siete principios que hemos visto en este libro es fundamental. Pero el modo en que tú los apliques y la actitud que desarrolles al hacerlo serán determinantes. Nada en la negociación debe ser accidental, sino una actividad deliberada, preparada y ejecutada mediante un buen guion.

Pensemos en la historia que abre este capítulo, allí se reflejan bien los tópicos del ego, la intuición y el liderazgo. El general ruso, sin tener miedo y observando el ego de Napoleón, tuvo la intención y, dejándose llevar por ella, lo dejó avanzar bajo la estrategia de debilitarlo poco a poco. Evidentemente, aquí recordamos otra máxima de Sun Tzu que decía «aparenta inferioridad y estimula su arrogancia». La gran diferencia entre el ruso y el francés es que el primero no se dejó llevar por su ego, por el contrario, siguió su intuición y condujo a los que lo seguían a la victoria. En cambio, Napoleón se vio enceguecido por su propio ego y falló como líder llevando a la muerte a sus tropas. Obviamente, aquí aparece el tema de la preparación: para ser un buen líder, y por lo tanto un buen negociador, debemos prepararnos. La desesperación por la victoria condujo a una derrota a Napoleón. Debes ser como el general ruso y preparar una buena estrategia que siga tu intuición.

Ser un buen negociador requiere entender la interacción humana, y la única gran diferencia es que consideres a tu contraparte como un héroe, para poder usar la empatía, y persuasión más fácilmente. El ego es tu enemigo, pero nunca dejes de escuchar a tu intuición. Como líderes, tendremos la capacidad de cambiar su opinión, solo si la escuchamos y comprendemos. Por ello, el esfuerzo es poner en práctica los siete principios, utilizándolos uno por uno. Prepara cada negociación sin asumir nada, verificando y utilizando el arma de la empatía con preguntas.

Debes ser responsable de tu equipo y de los tiempos, y así puedes pedir que otros sean responsables porque tú les has dado el ejemplo. Rodéate de las mejores personas y difunde este libro para multiplicar esta metodología con la cual te garantizo los mejores resultados. Forma tu equipo con personas fuertes e independientes para obtener su apoyo, sus aportes y su compromiso con los objetivos de todos.

Para apoyarte en tu aprendizaje y para que puedas entender mejor la aplicación de los conceptos emitidos en este capítulo, te invito a revisar los documentos y videos que podrás encontrar en la siguiente página web:

www.nuncatemasnegociar.com

FRASES PARA TENER EN CUENTA

Durante toda mi carrera he venido repitiendo expresiones que constituyen parte importante de lo que he aprendido de los procesos de negociación y que quiero dejarte a ti, amable lector, que tienes interés en aprender, para que puedas tener una visión general y en grandes pinceladas de los secretos de esta hermosa, fructífera y exitosa profesión.

1. *La negociación es el arte de generar confianza.*
2. *Mira a la contraparte como tu socio no como tu oponente.*
3. *Si alguien te ataca, no ataques, recuerda que en negociación no se apaga el fuego con fuego.*
4. *Cuando me siento atacado debo estudiar y cuestionar las intenciones de mi contraparte.*
5. *La pausa es lo que le permite a nuestra cabeza estar de acuerdo con nuestras emociones y nuestras iniciativas.*
6. *No permitas que tus miedos contesten las preguntas de tu contraparte.*

7. *La negociación es un proceso dinámico, nunca estático. Lo único que nunca cambia es la palabra cambio.*
8. *Intenta que la contraparte se sienta cómoda durante todo el proceso de negociación.*
9. *Identificando los intereses de la contraparte, tendrás el camino para influenciarlo.*
10. *En la conversación, todos nos abrimos a comprender cuando nos sentimos comprendidos. Cuando el otro se sienta entendido, te va a entender.*
11. *Sin persuasión ni influencia, nunca habrá entendimiento entre las partes.*
12. *Nunca te apures, hay que ir rápido pero no deprisa, el compromiso llegará cuando ambos se comprometan.*
13. *Siempre trata con respeto a tu héroe. Así no te respete, igualmente, tú respétalo.*
14. *Nunca reacciones a las palabras enviadas, sino identifica las intenciones debajo de cada una de ellas. (Identifica el problema no solo el ruido).*
15. *La importancia está en hacer que el héroe de la negociación entienda que tú lo entiendes.*
16. *Tu mindset en la negociación es tan importante como el agua al pez, el negociador sin su cabeza no puede negociar.*
17. *Tu contraparte es un sujeto, no un objeto.*
18. *El pasado y el futuro son elementos para utilizar en la mesa, pero debes focalizarte siempre en el presente.*

19. *Focalízate en la creación de valor no importa que tan complicado sea el conflicto. Porque, cuando la disputa se pone violenta, la gente se centra en pelear y no en crear valor.*
20. *No reacciones a las propuestas emocionales del otro, actúa directamente según tus intereses.*
21. *Si necesitas transmitir información importante, comunícala, y luego intenta conectar en la mente del otro para que recuerde lo que dijiste. Es al final de la interacción cuando la persona se va a llevar una buena impresión.*
22. *Si te preocupas por otra persona, esa persona se va a preocupar por ti. Siempre es necesario trabajar genuinamente para tener/dejar buena impresión.*
23. *Debemos enviar siempre un mensaje positivo, y no reaccionar a los mensajes emocionales que buscan afectarnos.*
24. *Debemos buscar siempre un compromiso que nos ayude a obtener lo que queremos. Siempre mide tu tiempo, dinero y energía como un presupuesto para la negociación.*
25. *Durante la negociación es importante no presionar directamente el «sí», sino que se construyan puentes para crear alianzas.*
26. *El «sí» es algo que psicológicamente atrapa a la persona. Es como llegar a un acuerdo.*
27. *La búsqueda del «sí» no es algo fundamental, mucho mejor es encontrar las señales del otro de que se siente comprendido.*

28. *Antes de querer un sí de tu contraparte, dale el control de decir no, así sentirá confianza para continuar.*
29. *No le pidas a la gente que se olvide del pasado sino muestra y trabaja para que se proyecten al futuro.*
30. *Toda concesión requiere un intercambio, nunca des un favor sin pedir algo a cambio.*
31. *Al negociar es importante introducir una forma de comparación.*
32. *Si necesitas informar malas noticias, lo mejor es ser franco y directo, y luego, busca que el otro sepa que estás de su lado.*
33. *No acorrales a tu héroe con amenazas porque no te favorece en nada en tu proceso.*
34. *Cuando alguien cambia los términos del acuerdo piensa si todavía te conviene ese acuerdo. (No juzgues, solo piensa si te conviene o no).*
35. *Nunca des nada material a cambio de una ilusión espiritual, todo debe tener un precio.*
36. *En toda interacción con otra persona es clave controlar la impresión final que se deja plasmada en la mente del otro.*
37. *Si sabes que es imposible lograr un acuerdo hoy, genera valor a futuro para llegar al resultado esperado.*
38. *La clave del éxito es la preparación, si estás listo ¡actúa!, si no, invierte tu tiempo en la preparación.*
39. *Busca siempre entender para ser entendido.*
40. *Para controlar tus emociones y comprender tus iniciativas es fundamental utilizar la pausa.*

41. *Primero comprende, si quieres ser comprendido.*
42. *Actuamos de forma irracional, pero justificamos las decisiones basándonos en verdades racionales.*
43. *El final de la interacción es lo más importante, y si el final se da con conexión firme y profunda sabrán que los entendimos, y ellos a nosotros.*
44. *El esfuerzo realizado por ambas partes va a consolidar el acuerdo y ayuda a que el compromiso se clarifique en el proceso.*
45. *Debemos tratar con ligereza a quienes reaccionan con dureza, si consigues no reaccionar mal, lo vas a desorientar.*
46. *La tarea más importante de un negociador es encontrar las fortalezas del héroe para saber utilizarlas en el momento adecuado siguiendo sus propios intereses.*
47. *Hay ataques que debemos ignorar para generar un contraataque efectivo. No te sumes al juego del otro. Mejor no responder. Ignorarlo es el inicio del contraataque.*
48. *Debemos estar de acuerdo en que vamos a estar en desacuerdo.*
49. *El presente trae acuerdos, el pasado trae discusiones, el futuro trae esperanzas. Enfócate en el presente.*
50. *No compres la relación de tu contraparte sacrificando tus intereses.*

Una última cosa…

Me encantaría escuchar todas las formas exitosas que encuentres al aplicar mis estrategias a tu negocio y a tu vida. Por favor envíame tus avances y resultados. Nada me hace más feliz que escuchar a ejecutivos exitosos.

Recopilo y estudio todo tipo de historias de éxito, grandes o pequeñas, financieras o de otro tipo.

Cuando obtenga la tuya, te enviaré un obsequio o una formación avanzada.

Se asombroso,

Pablo M Linzoain MSc MBA

pablo@linzoain.net

Instituto de Negociación

Pittsburgh, Pennsylvania

EE.UU.

BIBLIOGRAFÍA

Adams, M. *Change Your Questions, Change Your Life: 7 Powerful Tools for Life and Work*. Oakland, CA: Berrett-Koehler, 2004.

Adams, M. *Change Your Questions, Change Your Life: 12 Powerful Tools for Leadership, Coaching and Life, 3rd edition*. Oakland, CA: Berrett-Koehler, 2015.

Ariely, *Predictably Irrational.* New York: Harper Perennial, 2010.

Babcock, L. y Laschever, S. *Women don't ask.* New Jersey: Princeton University Press, 2003.

Barrot, A. *Curso de negociación estratégica.* Barcelona: Editorial UOC, 2007.

Bento, C. *4 Essential Keys to Effective Communication in Love, Life, ¡Work--Anywhere!* Edición Kindle. 2017.

Camp, J. *Start with NO: The Negotiating Tools That the Pros Don't Want You to Know.* New York: Crown Business, 2002.

Carter, A. *Ask for More: 10 Questions to Negotiate Anything.* New York: Simon & Schuster, 2020.

Chabris, Ch y Simons, D. *El Gorila Invisible.* New York: RBA Editions, 2011.

Cialdini, R. *The Power of Persuasion.* Stanford Social Innovation

Review, 2003.

Cialdini, R. *Influence: The Psychology of Persuasion.* New York: HarperCollins Publishers, 2016.

Cohen, G. *Just Ask Leadership: Why Great Managers Always Ask the Right Questions.* New York: McGraw-Hill, 2009.

Druker, P. *Management and the future.* New York: HarperCollins Publishers, 2008.

Duarte, N. *DataStory: Explain data and inspire Action Through Story.* Washington: Ideapress Publishing, 2019.

Ferrazi, K. *Never Eat Alone.* New York: Recorded Books, 2014.

Fertitta, T. *Shut Up and Listen Hard Business Truths that Will Help You Succeed.* California: HarperCollins Leadership, 2019.

Fisher, R. y Ury, W. *Getting to Yes: Negotiating Agreement Without Giving In.* Boston: Houghton Mifflin, 1981.

Gallo, C. *The Storyteller's Secret*: From TED Speakers to Business Legends, Why Some Ideas Catch on and Others Don't. New York: St Martin Press, 2016.

Gawande, A. *The Checklist Manifiesto.* Londres: Picador, 2009.

Gino, F. *Rebel Talent.* New York: HarperCollins Publisher, 2018.

Goleman, D. *Focus: The hidden Driver of excellence.* New York: HarperCollins Publishers, 2013.

Goulston, M. *Just Listen Discover the Secret to Getting Through to Absolutely Anyone*. California: AMACOM, 2019.

Gregersen, Hal B. *Questions Are the Answer: A Breakthrough Approach to Your Most Vexing Problems at Work and in Life*. New York, Harper Business, 2018.

Hernández, A. *Negociar es fácil, si sabe cómo: ¿Cuánto dinero pierde por desconocer las técnicas de negociación?* Madrid: Alienta Editorial, 2011.

Infante, D., Rancer, A. y Womack D. *Building Communication Theory*. Illinois Waveland Press Inc, 1997.

Kahneman, D. *Prospect Theory*: *An analysis of decision Making under risk*. Cleveland: The econometric Society, 1979.

Kahneman, D. *Thinking, Fast and Slow*. New York: Farrar, Straus & Giroux, 2011.

Kahneman, D. *Pensar rápido, pensar despacio*. New York: Farrar Straus & Giroux, 2011.

Kearns Goodwin, D. *Leadership in turbulent times*. New York: Simon & Schuster, 2018.

Keizer, G. *Help: The original Human Dilemma*. San Francisco: HarperCollins Publishers, 2004.

Kennedy, R. *Thirteen Days: A memoir of the Cuban Missile*. New York: W.W. Norton & Company, 1969.

Kouzes, J. y Posner. *The Leadership Challenge,* California: Jossey-Bass, 2012.

Kreamer, A. *Risk/Reward, Why Intelligent Leaps and Daring Choices Are the Best Career Moves You Can Make Right Now.* Maryland: Recorded Books, 2015.

Lax, D. y Sebenius, J. *The manager as negotiator.* New York: Simon & Schuster, 1986.

Levitt, S. y Dubner, S. *Think Like a Freak.* Chicago: HarperCollins Publisher, 2014.

Malhotra, D. y Bazerman, M. *El negociador genial: Cómo obtener grandes resultados en la mesa de negociación, y más allá.* Pennsylvania: Bantam Books, 2013.

Malhotra, D. y Bazerman, M. *Negotiation Genius: How to Overcome Obstacles and Achieve brilliant Results at the Bargaining Table and Beyond.* New York: Bantam Books, 2007.

Malhotra, D. *Negociar lo imposible.* California: Berrett-Koehler, 2016.

Mnookin, R. *Beyond Winning: Negotiating to Create Value in Deals and Disputes.* Cambridge: Library of Congress Cataloging-in-Publication, 2000.

Neale M. y Lys, T. *Getting (More of) What You Want: How the Secrets of Economics and Psychology Can Help You Negotiate Anything, in Business and in Life.* London: Profile Books, 2015.

Rogers, C. *On Becoming a Person: A Therapist's View of Psychotherapy*. London: Mariner Books, 1995.

Ruiz, M. *The Four Agreements: A Practical Guide to Personal Freedom, A Toltec Wisdom* California: Amber-Allen Publishing, 2001.

Saint- Exupéry, A. *El Principito*. Editorial Good Moon, 2014.

Salacuse, J. *Real Leaders Negotiate! Gaining, Using, and Keeping the Power to Lead Through Negotiation*. Berlin: Springer, 2017.

Shapiro, D. *Negotiating* the Nonnegotiable: how to resolve your most emotionally charged conflicts. Boston: Viking, 2016.

Switzler, A., Grenny, J., Patterson, K., McMillan, R., y Rodríguez-Courel Ginz, M. *Conversaciones Cruciales*: *Nuevas claves para gestionar con éxito situaciones críticas*- Gestión del conocimiento: Spanish edition, 2004.

Thich, N. *Fear*. California: Harper One, 2012.

Trevithick, P. *Habilidades de comunicación en intervención social*. Madrid: Narcea Ediciones, 2006.

Ury, W. *Supere el No*. Pennsylvania: Bantam Books, 2001.

Voss, Ch. *Overcome the barrier of no*. New York: HarperCollins Publishers, 2016.

Wheeler, M. *The Art of Negotiation*: *How to Improvise Agreement in a Chaotic World*. New York: Simon & Schuster, 2013.

Wiseman, R. *The as if principle, the radically new approach to changing your life*. New York: Simon & Schuster, 2014.

Williams, G. *Body Language Secrets to Win More Negotiations: How to Read Any Opponent and Get What You Want.* New Jersey: Career Press, 2016.

Made in the USA
Columbia, SC
20 November 2022